INHAL

Die islamische Welt

HEYNE BÜCHER
SACHBUCH

(dpa/AFP)

Michaela Wimmer / Stefan Braun
Hannes Enzmann

Brennpunkt Golf

Hintergründe, Geschichte, Analysen

Originalausgabe

WILHELM HEYNE VERLAG
MÜNCHEN

HEYNE SACHBUCH
Nr. 19/177

Eine TRANSMITTER-Produktion
Redaktion: Bernhard Michalowski

Printed in Germany 1991
Umschlagfoto: dpa, München
Umschlaggestaltung: Atelier Adolf Bachmann
Herstellung: Dieter Lidl
Grafik: Design-Studio Fleischer, München
Satz: Satz & Repro Grieb, München
Druck und Verarbeitung: Pressedruck, Augsburg

ISBN 3-453-05201-3

ASIEN
Kasachstan
MONGOLEI
Sinkiang
CHINA
Hwangho
KOREA
JAPAN
AFGHA-
ISTAN
Tibet
Indus
Brahmaputra
Jangtsekiang
Jünan
AKISTAN
NEPAL
Mekong
TAIWAN
INDIEN
BIRMA
PAZIFISCHER OZEAN
BANGLADESH
PHILIPPINEN
THAILAND
SRI LANKA
MALAYSIA
Mindanao
Borneo
INDISCHER OZEAN
INDONESIEN
AUSTRALIEN
Naher Osten
Gebiete mit überwiegend islamischer Bevölkerung
Gebiete mit islamischen Bevölkerungsanteilen

(dpa)

Der Vater der Islamischen Revolution: Ayatollah Khomeini.

Vorwort

Der Nahe Osten steht wieder im Mittelpunkt des Weltinteresses. Der Golfkrieg war der bislang letzte Akt im Nahost-Drama. Ein Drama, das seit Jahrzehnten die Region erschüttert. Auch das Ende des Golfkrieges bedeutet nicht die Lösung der Probleme. Der Nahe Osten bleibt, trotz zahlreicher Gemeinsamkeiten, ein explosives Gemisch unterschiedlicher Volksstämme und Religionsgemeinschaften, eine Region der Widersprüche und Gegensätzlichkeiten: von Menschen wimmelnde Großstädte und riesige unbewohnte Landstriche, islamische Tradition und westliches Gedankengut, sagenhafter Reichtum und bittere Armut.

Und vieles dreht sich nur ums Öl. Die Welt hat ein vitales Interesse an der Region, in der sich 63 Prozent der Ölreserven der Erde befinden. Doch das schwarze Gold ist nur *ein* Grund für die zahlreichen Konflikte. Ohne Kenntnis über die Geschichte, die religiösen Vorstellungen und länderspezifischen Eigenheiten der Region kann das aktuelle Geschehen nicht verstanden werden.

Dieses Buch soll das Verständnis erleichtern: Neben einer Analyse und Chronologie des Golfkrieges, werden die soziogeographischen, historischen, ökonomischen und religiösen Hintergründe in der Region dargestellt. Geschichte, Staatsformen, politische und wirtschaftliche Aktivitäten der einzelnen Länder werden detailliert beschrieben. Ein Länderüberblick, das Glossar, zahlreiche Grafiken und Karten erleichtern das Nachschlagen. Ein politischer Führer durch eine Region, die auch nach dem Golfkrieg im Brennpunkt stehen wird.

Michaela Wimmer — *München, im März 1991*

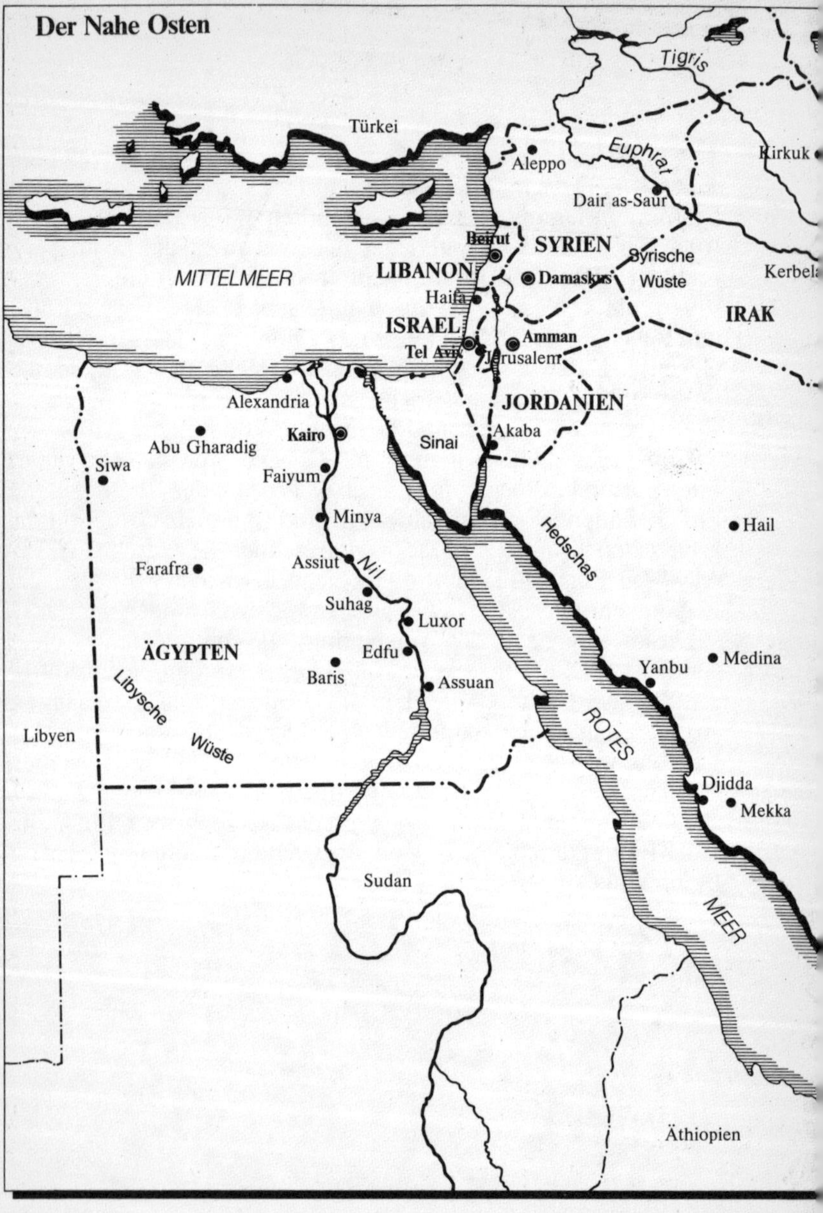

Der Nahe Osten
Türkei
Tigris
Euphrat
Aleppo
Kirkuk
Dair as-Saur
Beirut
SYRIEN
Syrische
Wüste
Kerbela
LIBANON
MITTELMEER
Damaskus
Haifa
IRAK
ISRAEL
Amman
Tel Aviv
Jerusalem
Alexandria
JORDANIEN
Kairo
Akaba
Sinai
Abu Gharadig
Siwa
Faiyum
Minya
Hail
Hedschas
Farafra
Assiut
Nil
Suhag
Luxor
ÄGYPTEN
Edfu
Medina
Yanbu
Baris
Assuan
Libysche
Wüste
Libyen
ROTES
Djidda
Mekka
Sudan
MEER
Äthiopien

Kasp. Meer
Bojnurd
Sowjetunion
Kuchan
Gorgan
Meschhed
Sendschan
Teheran
Große Salzwüste
Afghanistan
IRAN
Wüste Lut
Isfahan
Disful
Ahwas
Kerman
Sahidan
Basra
Pakistan
Bushir
Kuwait
KUWAIT
PERSISCHER
Bandar Abbas
Lingeh
Djask
Tschahbar
Dhahran
GOLF
Dubai
Doha
GOLF VON OMAN
Abu Dhabi
Riad
V.A.E.
Muskat
Al-Hadd
KATAR
BAHRAIN
Dschauba
Mahot
SAUDI-ARABIEN
Große Arabische Wüste
Duqm
Dschasir
OMAN
Nadjran
Habrut
ARABISCHES MEER
Sada
Samak
JEMEN
Sajut
San'a
Aden
Mocha
GOLF VON ADEN

Der Naturraum und die Bevölkerung

Aufgrund der geographischen Lage zwischen Europa, Afrika und Asien haben sich im Nahen Osten zahlreiche Rassen, Sprachen, Kulturen und Religionen vermischt. Rund 190 Millionen Menschen leben in dieser Region: Araber, Perser, Türken, Kurden, Turkmenen, Berber, Belutschen und Europäer.

Nach der im 7. Jahrhundert n. Chr. von Mekka und Medina aus einsetzenden arabisch-islamischen Eroberung wurde Arabisch zwar zur beherrschenden Sprache in der Region – der Koran ist in klassischem Arabisch verfaßt –, doch gibt es darüber hinaus fünf große Dialekte. Je nachdem, ob das Arabisch im Irak, in Syrien oder in Ägypten gesprochen wird, unterscheiden sich die Dialekte in etwa wie das Italienische vom Spanischen. In Oman und Südjemen hat sich eine Restsprache erhalten: das Südarabische. Es unterscheidet sich vom klassischen Arabisch stärker und ist wiederum in mehrere Dialekte untergliedert. Die Juden in Israel sprechen hebräisch: das Iwrit. Im Iran ist das sogenannte ›Neupersische‹, die Farsi, neben Kurdisch, Belutschi, Armenisch, Türkisch, Azeri-Türkisch, Turkmani und vielen anderen, Umgangssprache.

Wenn also der Nahe Osten auch keine lebens- und wirtschaftsräumliche Einheit darstellt, gibt es doch eine Reihe soziogeographischer Merkmale, die in ihrer Kombination – einmal mehr und einmal weniger ausgeprägt – auf die gesamte Region zutreffen.

Der Nahe Osten ist als Naturraum ein ›subtropischer Trockenraum‹. Durch die teilweise extrem hohen Temperaturen verdunstet in weiten Teilen der Region mehr Wasser, als mit dem Regen auf die Erde fällt, die Böden versalzen. Dort, wo Grundwasser, Flüsse oder Süßwasserseen fehlen, ist der natürliche Pflanzenbewuchs nur spärlich. Typische Landschaften des Nahen Ostens sind Gebirge, Wüsten, Steppen und Oasen.

In den Gebirgsketten sind die Niederschläge höher als in den Ebenen. Da mit steigender Höhe die Temperatur abnimmt, sind dort die Voraussetzungen für eine landwirtschaftliche Nutzung meist günstiger als im Flachland.

Steppen sind fast überall im Nahen Osten zu finden –

insbesondere in den Flachländern. Die trockeneren Teile der Steppen bilden häufig den Übergang zu den riesigen Wüsten (den Sandwüsten - erg, Kieswüsten - serir, Stein- und Felswüsten - hamada), in denen es manchmal ein ganzes Jahr lang nicht regnet. Die unregelmäßigen und wenigen Niederschläge reichen für eine geschlossene Pflanzendecke nicht aus. Allenfalls für kurze Zeit bringt ein Regenschauer die Erde zum Blühen.

Die Vegetation in den Oasen ist dafür um so üppiger. Allerdings wachsen dort überwiegend Kulturpflanzen, die auf Bewässerungssysteme angewiesen sind. Vereinzelt auftretende Quell- und Grundwasseroasen sind für die Bewirtschaftung weniger bedeutend als die großen Stromoasen entlang eines Flusses, wie am Nil und entlang von Euphrat und Tigris im Irak.

Über Jahrtausende haben diese natürlichen Bedingungen den Aufenthaltsort und die Lebensweise der Menschen in der Region bestimmt. Dabei bildeten sich drei traditionelle Lebensformen heraus: das Nomadentum, die Landwirtschaft der Seßhaften und das Städtewesen.

Die Nomaden - auf der arabischen Halbinsel Beduinen genannt - nutzten die Steppen zur Viehweide und wanderten mit ihren Herden jeweils dorthin, wo Klima und Vegetation günstig waren.

Dort, wo die Wasservorräte es zuließen - in den Oasen, in den feuchteren Steppen oder aber im Gebirge - betrieben seßhafte Bauern Ackerbau. Typisch für die traditionelle bäuerliche Wirtschaft des Nahen Ostens war die Aufteilung der fünf Produktionsfaktoren Boden, Wasser, Geräte, Saatgut und Arbeitskraft auf verschiedene Eigentümer. Jeder Faktor wurde mit einem Fünftel bewertet und die Ernteerträge wurden dann entsprechend verteilt. Da der Boden, das Wasser bzw. die Bewässerungsanlagen, oft aber auch das Saatgut und die Arbeitsgeräte allein einem Großgrundbesitzer gehörten, konnten die Pachtbauern, die sogenannten Fellachen, oft nur ein Fünftel der Erträge behalten. Die Fellachen standen deshalb auf der untersten Stufe der sozialen Wertschätzung. Auch Bodenreformen blieben oft wirkungslos, da das Erbrecht die eben neugewonnenen Grundstücke wieder in Kleinstländereien zerfallen ließ, die eine Familie nicht mehr ernähren konnten.

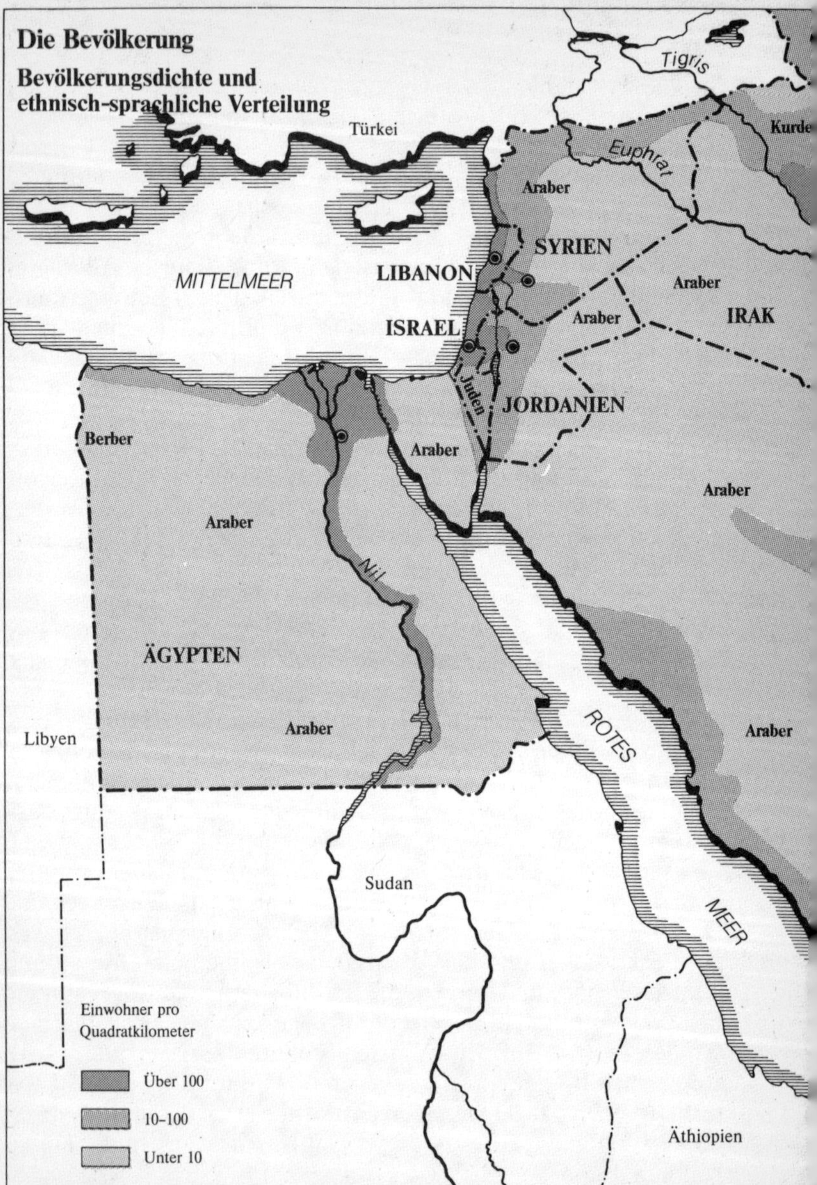
Die Bevölkerung
Bevölkerungsdichte und ethnisch-sprachliche Verteilung
Türkei
Tigris
Kurde
Euphrat
Araber
SYRIEN
LIBANON
MITTELMEER
Araber
Araber
IRAK
ISRAEL
Juden
JORDANIEN
Berber
Araber
Araber
Araber
Nil
ÄGYPTEN
Araber
ROTES
Araber
Libyen
Sudan
MEER
Einwohner pro Quadratkilometer
Über 100
10–100
Unter 10
Äthiopien

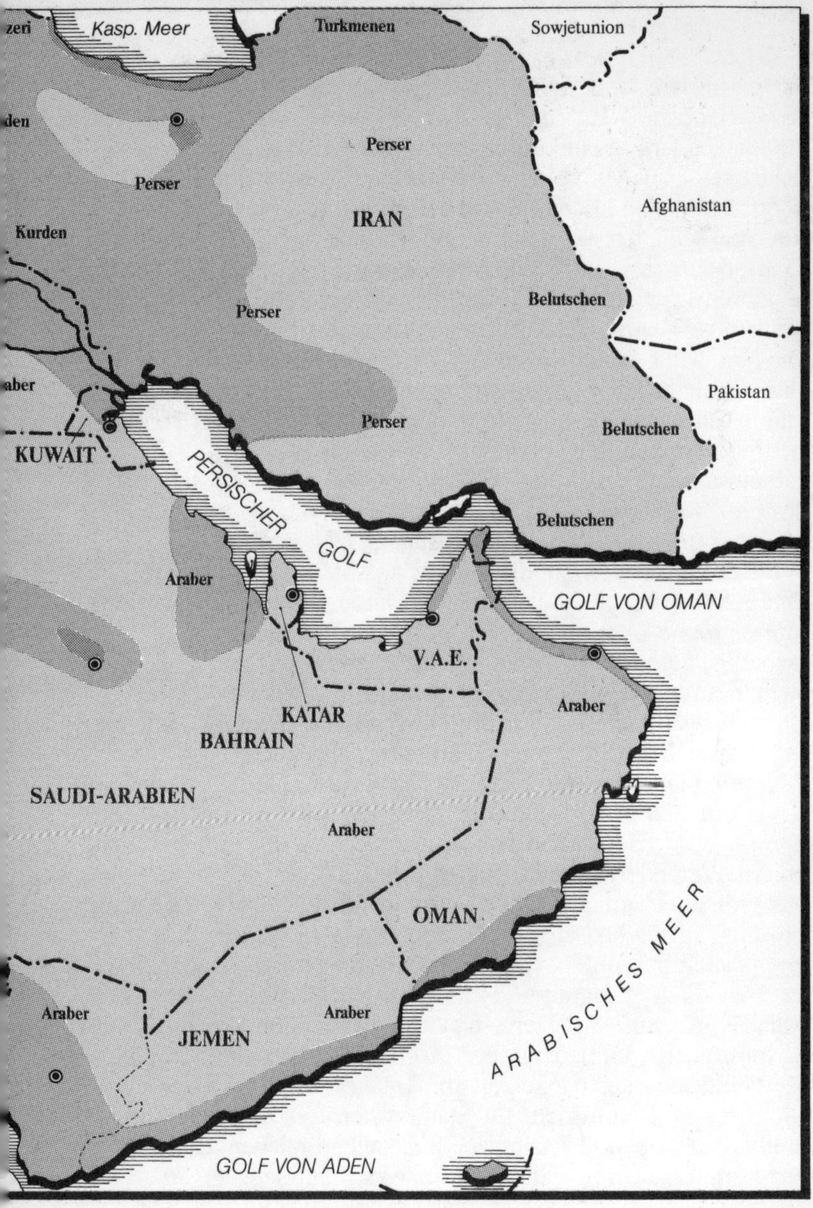

zeri
Kasp. Meer
Turkmenen
Sowjetunion
den
Perser
Perser
IRAN
Afghanistan
Kurden
Belutschen
Perser
aber
Pakistan
Perser
Belutschen
KUWAIT
PERSISCHER GOLF
Belutschen
Araber
GOLF VON OMAN
V.A.E.
Araber
KATAR
BAHRAIN
SAUDI-ARABIEN
Araber
OMAN
ARABISCHES MEER
Araber
Araber
JEMEN
GOLF VON ADEN

In den Städten des vorindustriellen Zeitalters waren schließlich die geistlichen und weltlichen Herrscher beheimatet, dazu die Bazar-Händler, Kaufleute und Handwerker. Dabei waren die Städte häufig nach Herkunft, Abstammung und Religionszugehörigkeit seiner Bewohner in verschiedene Stadtviertel unterteilt. In der traditionellen orientalischen Gesellschaft gewann nämlich der Einzelne seine soziale Stellung überwiegend aus seiner Familien-, Clan-, Stammes- und Volkszugehörigkeit, oder aber aus seiner religiösen Überzeugung. Neben der eigenen Familie waren auch weitläufige Verwandtschaftsbeziehungen von großer Bedeutung. Die Familien bildeten sogenannte Abstammungsgruppen, die auf einen gemeinsamen Vorfahren, manchmal bis zur sechsten Generation, zurückreichten. Mehrere Abstammungsgruppen konnten sich wiederum unter Verweis auf einen - teils auch nur fiktiven gemeinsamen Vorfahren - zu einem Clan zusammenschließen, dessen Zweck vor allem in der sozialen und wirtschaftlichen Absicherung seiner Mitglieder bestand.

Bei den Nomaden war die Bildung von Stämmen entscheidend: Die Stämme waren Interessenszusammenschlüsse von Abstammungsgruppen, die im gleichen Gebiet lebten. Hierzu bedurfte es keiner gemeinsamer Vorfahren, die Stammesverbände dienten allein dem besseren Schutz ihrer Mitglieder. Je nach den natürlichen Gegebenheiten und den politischen Umständen konnte ein Stamm aus bis zu mehreren zehntausend Personen bestehen.

Wenn auch Teile der traditionellen Gesellschaftstrukturen bis heute erhalten sind, haben die wirtschaftlichen und politischen Umwälzungen der letzten Jahrzehnte doch gewaltige soziogeographische Veränderungen im Nahen Osten mit sich gebracht. So ist das Nomadentum fast völlig verschwunden: Nur zwei bis drei Prozent der Bevölkerung leben noch von der Wanderwirtschaft. Die Staaten bemühten sich schon früh, die Nomaden seßhaft zu machen, da sie sich aufgrund ihrer Stammesbindungen nur widerwillig einer zentralen Herrschaft unterwarfen und wegen ihrer unkontrollierbaren Lebensweise immer einen Unsicherheitsfaktor für die Regierungen darstellten. Im Zeitalter moderner Verwaltung ist auch kein Raum mehr für Stammesterritorien; die Stammesbindungen haben deshalb viel ihrer ursprünlichen Bedeutung verloren, mancherorts sind sie ganz verschwunden.

Bevölkerung im Nahen Osten In Millionen Einwohner (1990)

Ägypten	54,3	Katar	0,5
Bahrain	0,5	Kuwait	2,1
Irak	19,2	Libanon	3,0
Iran	55,9	Oman	2,0
Israel	4,6	Saudi-Arabien	14,8
Jemen	12,0	Syrien	12,1
Jordanien	4,2	V.A.E.	1,6

Die Landwirtschaft ist häufig von Stagnation geprägt, der viele Bauern durch eine Abwanderung in die Städte zu entkommen suchen.

Die Verstädterung ist heute für fast alle Staaten in der Region ein Problem, zumal eine ständig wachsende Bevölkerung ernährt werden muß. In früher menschenleeren Wüsten haben Ölfunde ganze Städte entstehen lassen, während andere Gebiete aufgrund der Abwanderung kontinuierlich entvölkert werden. Vor allem in den Ballungszentren lösen sich die ursprünglichen Familien- und Abstammungsbindungen zunehmend auf, eine neue soziale Schichtung wird deutlich:

Zur städtischen Unterschicht gehören heute vor allem die ehemaligen Nomaden und Bauern, die Bazar-Händler, einfache Arbeiter und Handwerker. Dort wo der Ölreichtum allen Bürgern einen gewissen Wohlstand beschert hat – dies gilt insbesondere für die Kleinstaaten am Golf – sind es oft die Fremdarbeiter, die die neue Unterschicht bilden. Aufgrund des Ölreichtums und den damit gestiegenen Ausbildungsmöglichkeiten ist häufig eine neue Mittelschicht entstanden, bestehend aus Facharbeitern, Technikern, Ingenieuren und Akademikern. Die Oberschicht setzt sich schließlich aus den Mitgliedern der königlichen Familie, aus Regierungsbeamten oder Militärs zusammen. Zahlreichen Menschen im Nahen Osten fällt es jedoch schwer, den Zerfall der alten Sozialstrukturen zu kompensieren, sich an die neuen Bedingungen anzupassen. Sie neigen dazu, die verlorenen Familien- und Stammesbindungen durch Bindungen religiöser oder ideologischer Art zu ersetzen.

Die Geschichte

Im Nahen Osten liegen die ältesten Zentren menschlicher Zivilisation: Auf dem Gebiet des heutigen Iraks lebte schon etwa 3000 Jahre vor Christus das Kulturvolk der Sumerer. Und nur wenige Jahrhunderte später entwickelte sich die hochstehende ägyptische Kultur an den Ufern des Nils.

Doch schon zu jener Zeit wurde der Nahe Osten von politischen Unruhen erschüttert: Von kurzen Einigungsphasen abgesehen, kämpften rivalisierende Stadtstaaten und Dynastien um ihren Einfluß. In Ägypten und Palästina gewannen zunehmend die griechischen und römischen Eroberer an Einfluß, während in Mesopotamien die Perser ihre Macht ausbauten. Parallel dazu entstanden in dieser Region die drei großen monotheistischen Religionen: das Judentum (Abraham um 1700 v. Chr.) das Christentum und der Islam (Mohammed um 600 n. Chr.).

Eigentlich erst mit dem Aufkommen des Islams griffen die Araber entscheidend in die Geschichte ihrer Region ein: Ausgehend von der arabischen Halbinsel (vor allem von Medina, dem Geburtsort des Islams) errichteten sie das arabische Kalifat auf der Grundlage des Islams, das bis 656 n. Chr. auch Mesopotamien, Ägypten und Persien umfaßte. Bis Ende des 8. Jahrhunderts hatte sich der Islam im Westen bis Spanien, im Nordosten bis zum Aralsee und im Osten bis zum Industiefland ausgedeht. Bis heute ist das arabisch-islamische Weltreich jener Zeit Vorbild fundamentalistischer oder panarabischer Ideologien.

Der Islam hatte sich zwar als Religion im Nahen Osten stabilisiert, doch politisch mußte er ab Mitte des 11. Jahrhunderts wieder in den Hintergrund treten: Von Westen her wurde die islamische Welt von den Europäern bedrängt (Kreuzzüge), von Osten fielen die Mongolen ein. Ab dem 15. Jahrhundert wuchs dann im Nahen Osten der Einfluß des Osmanischen Reichs. Unter der osmanischen Herrschaft erlebten die arabischen Länder in den folgenden Jahrhunderten einen wirtschaftlichen, sozialen und kulturellen Verfall.

Der 1. Juli 1798 war schließlich ein Wendepunkt in der Geschichte der Region: An diesem Tag landete ein französisches

Expeditionsheer unter Führung Napoleon Bonapartes in Alexandria. Ein neues Kapitel des europäischen Kolonialismus wurde aufgeschlagen. Dem technologischen und verwaltungstechnischen Vorsprung und den damit verbundenen militärischen Vorteilen hatte die islamische Welt nichts Gleichwertiges entgegenzusetzen.

1916 beendete schließlich das Sykes-Picot-Abkommen die osmanische Herrschaft im Nahen und Mittleren Osten. Frankreich und Großbritannien waren die neuen Machthaber in der Region. Die Briten setzten sich in Mesopotamien, Palästina und Jordanien fest, während die Franzosen ihre Einflußsphäre auf Syrien, das zu diesem Zeitpunkt auch das Gebiet des heutigen Libanons umfaßte, ausdehnte.

Als 1922 der britische Kolonialoffizier Sir Henry Cox in einem Wüstenzelt mit dem Lineal die Grenzen zwischen Irak, Saudi-Arabien und Kuwait zog, konnte er nicht ahnen, daß er damit den Anlaß zu einem Streit gab, der fast 70 Jahre später der ganzen Welt den Atem raubte. Ebenfalls in diese Zeit fiel die Verpflichtung Großbritanniens, die Errichtung einer jüdisch nationalen Heimstatt zu fördern und die Einwanderung von Juden nach Palästina zu erleichtern – die Wurzel des arabisch-israelischen Konflikts. Ein Konflikt, der allerdings erst nach der Gründung des Staates Israel (1948) zum Ausbruch kam.

Die europäischen Kolonialmächte verfolgten knallharte ökonomische, strategische und machtpolitische Interessen. Auf einen kurzen Nenner gebracht: Die Briten wollten durch ihre kolonialen Bestrebungen im Nahen Osten den Landweg zu ihren indischen Kolonien sichern, und die Franzosen wollten eben dies verhindern. Zudem war der Nahe Osten für die Europäer auch als Absatzmarkt und Rohstofflieferant von großem Interesse. Die reichlichen Erdölfunde und die Bedeutung des Öls für die westliche und östliche Wirtschaft steigerten die politische Wertstellung des Nahen Ostens ins Unermeßliche. Es verwundert daher nicht, daß der Nahe Osten auch nach der formalen Unabhängigkeit vieler Länder – vor allem nach 1930 – weiterhin politischer und strategischer Spielplatz der Großmächte und Industriestaaten blieb.

Der arabisch-israelische Konflikt komplizierte dann noch zu-

Stationen der Geschichte –
Die Region vor dem Ersten Weltkrieg

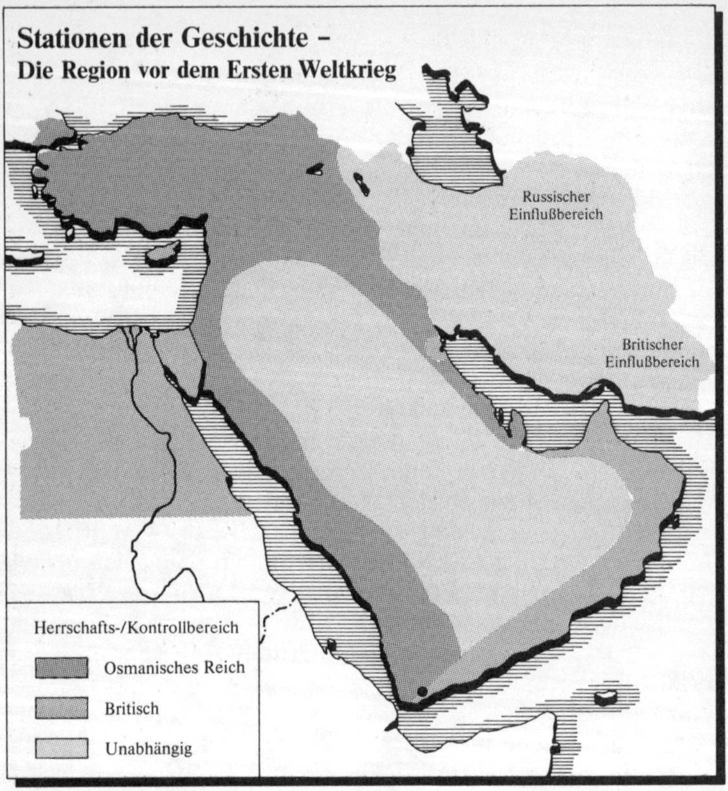

sätzlich die politische Situation im Nahen Osten. Seit Gründung des Staates Israel im Jahre 1948 kam es zu den drei großen arabisch-israelischen Kriegen 1948, 1967 und 1973. Der Westen, allen voran die USA, stand für das Existenzrecht des jüdischen Staates ein. Die arabischen Staaten wiederum versuchten seit 1973 mit wechselndem Erfolg, die Solidarität der westlichen Staaten mit Israel durch die ›Ölpreiswaffe‹ zu schwächen. Gleichzeitig hatte dies für die arabischen Staaten einen positiven ökonomischen Effekt durch höherer Deviseneinnahmen aus dem Ölgeschäft. Doch die Zerstrittenheit der arabischen Staaten innerhalb der OPEC hat diese ›Ölpreiswaffe‹ mittlerweile stumpf gemacht.

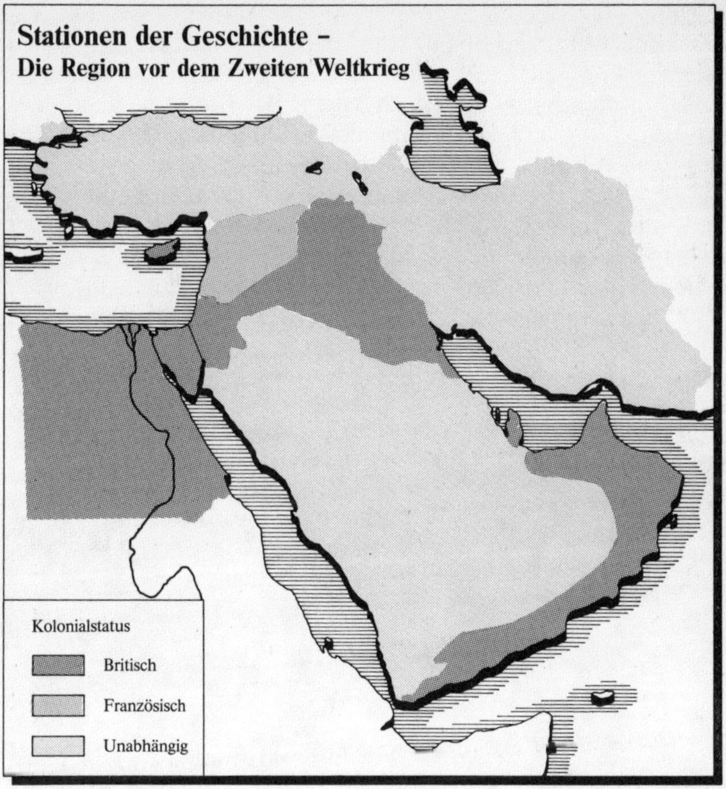

Stationen der Geschichte -
Die Region vor dem Zweiten Weltkrieg

Lange Zeit waren die regionalen Machtstrukturen im Nahen Osten durch die ägyptisch-saudiarabische Achse geprägt. Saudi-Arabien versuchte seit dem Zweiten Weltkrieg, durch den Aufbau flexibler innerarabischer Allianzen das einseitige Erstarken einer bestimmten Macht zu verhindern. Aufgrund seiner geographischen Größe, seines Reichtums und durch die vergleichsweise stabile und gemäßigte Politik galt Saudi-Arabien lange Zeit als Garant der Stabilität in der Region. Noch in den fünfziger Jahren war es den Saudis gelungen, durch ein Bündnis mit Ägypten, den Irak daran zu hindern, Syrien unter seinen Einfluß zu bringen. Die Entzweiung mit Ägypten - nach der militärischen Intervention

Ägyptens im Jemen zugunsten der Royalisten - spaltete die arabische Welt kurzzeitig in zwei Lager. Erst nach der arabischen Niederlage gegen Israel (1967) entspannten sich die innerarabischen Beziehungen erneut. Ägypten, der große Verlierer des Krieges, mußte notgedrungen seine revolutionäre Idee, im Sinne des Panarabismus das eigene Sozialmodell in die arabische Welt zu exportieren, aufgeben. Saudi-Arabien übernahm stillschweigend die Führungsrolle in der arabischen Welt: Die Macht der Petro-Dollars hatte die Macht der sozialistischen oder panarabischen Revolutionsideologien abgelöst. Bedingt durch die nach dem Erdölembargo von 1974 immens gestiegenen Einnahmen

Die Religion entzweit: Orthodoxe Juden im Gebet auf dem Ölberg in Jerusalem. (dpa)

konnte Saudi-Arabien seine Petro-Dollar-Diplomatie fortführen. Die Saudis ›erkauften‹ sich den Status quo im Nahen Osten, indem sie einen Bruchteil ihrer Einnahmen an die ärmeren arabischen Staaten verteilten.

Nachdem Ägypten 1979 aus der Arabischen Liga ausgeschlossen wurde, weil der ägyptische Präsident Sadat (1981 von einem islamischen Fundamentalisten ermordet) mit Israel im Camp-David-Abkommen einen Separatfrieden geschlossen hatte, war die ägyptische-saudiarabische Achse zur Makulatur geworden.

Mit dem erzwungenen Abgang Ägyptens von der arabischen Bühne trat gleichzeitig der Irak als machtvoller Akteur auf den

Im Namen des Islams: Verschleierte Frauen demonstrieren gegen die USA. (dpa/UPI)

Die Masoumeh-Moschee in Ghom, einem schiitischen Wallfahrtsort südwestlich von Teheran.

(dpa)

Plan: der Anfang vom Ende der saudischen Vorherrschaft. Die iranische Revolution unter Ayatollah Ruhollah Khomeini bewirkte ein übriges. Zum ersten Mal ging die Bedrohung der bestehenden Machtstrukturen nicht von progressiven, antiroyalistischen, nationalistischen oder säkular-marxistischen Ideologien aus, sondern von einem islamischen Staat, der den anderen islamischen Machthabern Dekadenz und Ungläubigkeit vorwarf. Damit stellte er ihre Legitimität in Frage. Das Feuer eines islamischen Fundamentalismus, entfacht durch Ayatollah Khomeini, drohte auch auf die anderen arabischen Staaten überzugreifen. Die Reformen und vorsichtigen Modernisierungsmaßnahmen waren gefährdet. Den anderen arabischen Staaten - allen voran die Saudis - schien nichts anderes übrigzubleiben, als den Irak bedingungslos zu unterstützen. Der Irak war nach deren Einschätzung die einzige Macht, die fähig war, den Export der fundamentalistischen Revolution zu verhindern. Im September 1980, gab der irakische Diktator Saddam Hussein seinen Truppen den Angriffsbefehl auf den Iran - der iranisch-irakische Krieg hatte begonnen. Es dauerte nahezu acht Jahre, bis zum Februar 1988, bis die Waffen in diesem Konflikt wieder schwiegen. Einen Vorteil hatte weder der Irak noch der Iran aus dem über eine Million Opfer fordernden Krieg gezogen. Nur einer behielt Recht: Parlamentspräsident Rafsandschani, später politischer Nachfolger Khomeinis. Er hatte die Staaten, die Saddam Hussein mit Waffen und Dollars unterstützen, davor gewarnt, eine solche Natter nicht an ihrer Brust großzuziehen.

Die Religion

Annähernd eine Milliarde Gläubige gehören dem Islam an. Als Schöpfer und Gründer des Islam gilt der Prophet Mohammed (571–632 n. Chr.). Im Jahre 611 empfing er die Offenbarung Gottes aus dem Mund des Erzengels Gabriel. Die Offenbarung wurde nach seinem Tode in 114 Suren (= Abschnitte) im Koran zusammengefaßt. Als Beginn der islamischen Zeitrechnung gilt aber erst das Jahr 622. In diesem Jahr floh Mohammed vor seinen Verfolgern aus Mekka nach Medina, von wo aus der Islam seinen Siegeszug antrat.

Sehr früh verlor der Islam sein einheitliches Erscheinungsbild. Heute existieren über 80 verschiedene islamische Sekten und Fraktionen. Die beiden größten Fraktionen sind die der Sunniten (60 Prozent der Gläubigen) und die der Schiiten (knapp 15 Prozent). Der Grund für die Spaltung waren Streitigkeiten um die legitime Nachfolge des Propheten, der keine entsprechende Regelung getroffen hatte.

Nach dem Tode Mohammeds wählten seine Weggefährten einen aus ihren Reihen zum Nachfolger – zum ›Kalifen‹. Nicht alle Muslime hielten jedoch das Kalifat für rechtmäßig. Die Führung sollte einem blutsverwandten Nachkommen des Propheten Mohammed, dem Imam, zustehen. Diese Voraussetzung konnte aber nur einer erfüllen: Ali, Vetter und Schwiegersohn des verstorbenen Propheten. Seine Anhänger sammelten sich in der ›Schiat Ali‹, der ›Partei Alis‹ – die späteren Schiiten.

Noch heute entzweit der Streit die Muslime: Die Schiiten akzeptieren als Führer allein den Imam. Ihre Lehre besagt, daß der letzte Imam nicht gestorben, sondern nur verschwunden sei und am Ende der Zeiten wiederkehren werde. Bis dahin gibt es nach schiitischem Glauben keinen legitimen Herrscher. Nur ein besonders qualifizierter Religionsgelehrter könne den Imam vertreten. Die Sunniten hingegen glauben an die Rechtmäßigkeit des Kalifats. Ihrer Meinung nach ist die geistige Führung der islamischen Gemeinde, der Umma, nach dem Tod Mohammeds auf die Gemeinde selbst übergegangen. Eine Herrschaft ist nach dieser Theorie dann legitim, wenn die Gläubigen ihr zustimmen, das heißt, wenn die Führung dem islamischen Recht entsprechend handelt und die islamischen Gelehrten dies bestätigen.

Alle Richtungen des Islam erkennen jedoch den Koran als Gottes Vorschrift an. Der Koran, wörtlich »das Vortragen, die Lesung«, besitzt für die Muslime den höchsten Wert, da er eine unmittelbare, direkt von Gott kommende Botschaft darstellt. Zusammen mit der ›Sunna‹, einer Sammlung von wörtlichen Äußerungen, Bestätigungen und Handlungen Mohammeds, bildet der Koran die ›Scharia‹. Unter der ›Scharia‹ versteht man das ganze, islamische Rechtssystem. Es regelt nicht nur religiöse, sondern auch gesellschaftliche und soziale Angelegenheiten, kurz, das gesamte Leben der Gläubigen.

Das arabische Wort »islam« bedeutet »Gott ergeben«. Alle Verpflichtungen und Zielsetzungen des Gläubigen sind dem einen Glaubenssatz »Es gibt nur einen Gott« untergeordnet. Für den gläubigen Muslim steht Gott über allem. Der bekannte Ausruf »Allahu akbar« »Gott ist größer« ist Ausdruck dieser Überzeugung. Eine völlige Trennung zwischen Staat und Religion ist im Islam daher unvorstellbar. Der islamische Grundsatz »Es gibt nur einen Gott« fordert, dem Islam auch in der nicht-muslimischen Welt zum Sieg zu verhelfen. Die Ausbreitung des Herrschaftsgebiets des Islam ist daher eine Pflicht. Die Welt wird denn auch in eine »Welt des Friedens«, die die islamische Gemeinschaft umfaßt, und in eine »Welt des Krieges« - alle nicht-islamischen Staaten - eingeteilt. Was nicht bedeutet, daß die Länder der ›Ungläubigen‹ im Kriegszustand mit den islamischen Staaten stehen. Beziehungen zu nicht-islamischen Staaten sind durchaus möglich, aber die Legitimation und Ordnung dieser Staaten wird nicht anerkannt, sondern nur vorübergehend - bis zur Durchsetzung des Islam - toleriert. Der Glaube der Muslime läßt sie ihre politische und wirtschaftliche Schwäche gegenüber den ›Ungläubigen‹ als Skandal empfinden. Für die Fundamentalisten ist dies in der Unordnung der muslimischen Gesellschaft begründet: Nur die mangelhafte Befolgung der Gesetze Gottes sowie die zu geringe Geltung der Scharia kann die Ursache für die politische und wirtschaftliche Unterlegenheit des Islam sein. Das Allheilmittel, um den Islam auf den ihm gebührenden Platz in der Welt zu setzen, ist nur die kompromißlose Anwendung der Scharia.

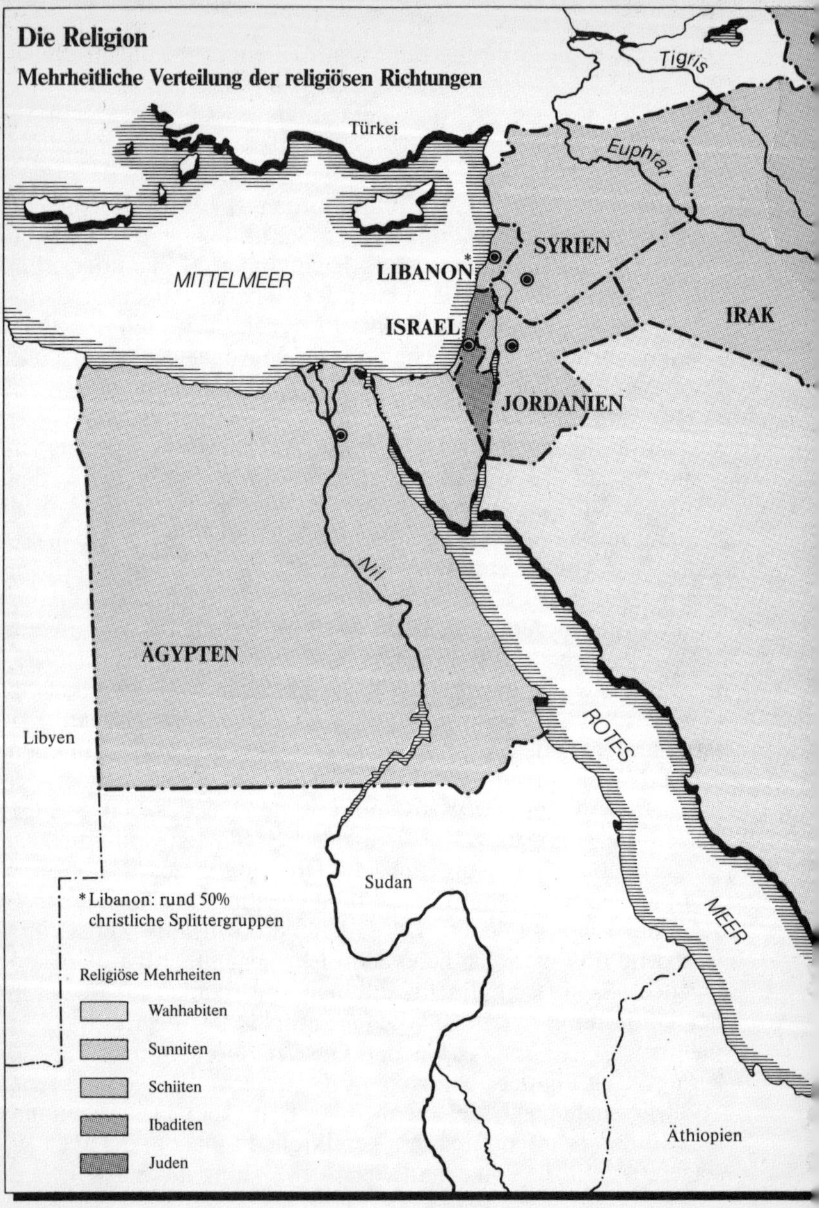
Die Religion
Mehrheitliche Verteilung der religiösen Richtungen
Tigris
Türkei
Euphrat
SYRIEN
LIBANON*
MITTELMEER
IRAK
ISRAEL
JORDANIEN
Nil
ÄGYPTEN
ROTES
Libyen
Sudan
MEER
* Libanon: rund 50% christliche Splittergruppen
Religiöse Mehrheiten
Wahhabiten
Sunniten
Schiiten
Ibaditen
Juden
Äthiopien

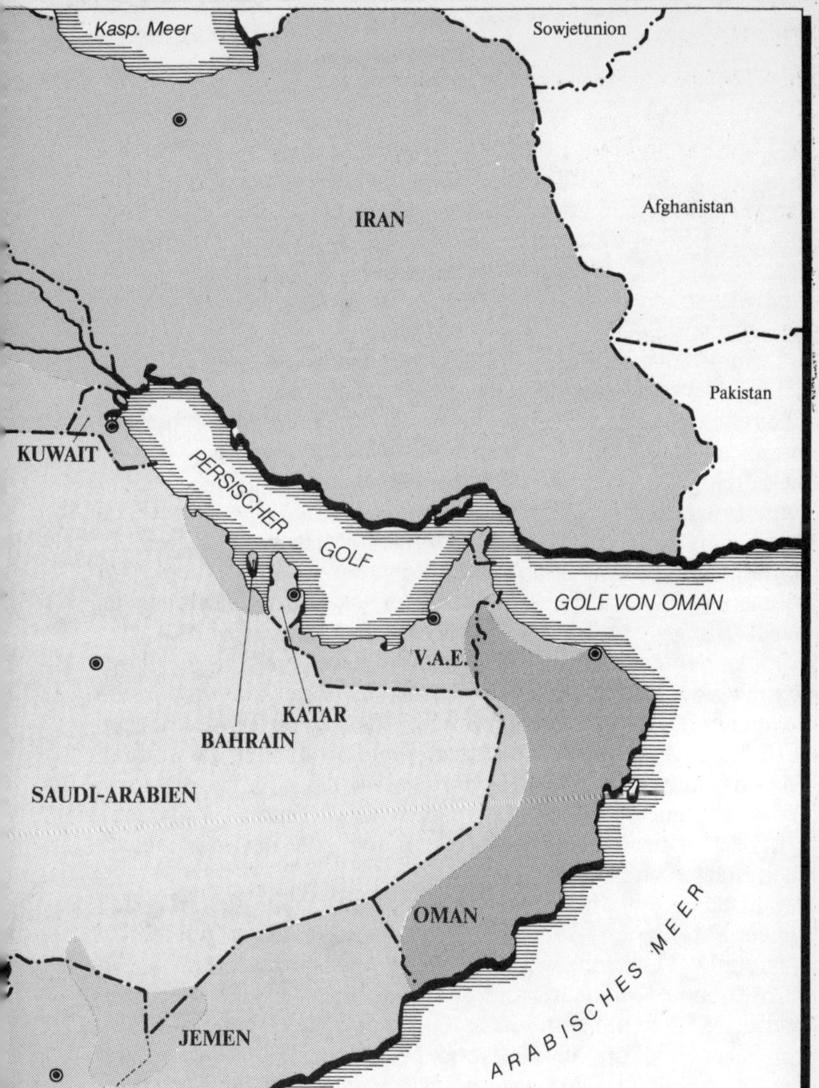
Kasp. Meer
Sowjetunion
IRAN
Afghanistan
Pakistan
KUWAIT
PERSISCHER GOLF
GOLF VON OMAN
V.A.E.
KATAR
BAHRAIN
SAUDI-ARABIEN
OMAN
ARABISCHES MEER
JEMEN
GOLF VON ADEN

DIE WIRTSCHAFT

Noch vor 50 Jahren waren die Staaten des Nahen Ostens reine Agrargesellschaften, heute trägt die Landwirtschaft nur noch den geringsten Teil zum Sozialprodukt bei. So karg die Ausstattung der Region mit fruchtbarem Boden, Süßwasser und Vegetation ist, so reich ist sie an einem anderen Rohstoff: dem Erdöl. Und die neuere Geschichte des Nahen Ostens ist zugleich die Geschichte des Öls.

Etwa 63 Prozent der heute bekannten Erdölreserven befinden sich im Nahen Osten, doch der Reichtum ist nicht gleich verteilt: Allein Saudi-Arabien besitzt ein Viertel der Welterdölvorräte, und immer noch werden neue Fundstätte entdeckt. Irak, Kuwait und die Vereingten Arabischen Emirate haben jeweils einen Anteil um zehn Prozent. Die übrigen Staaten im Nahen Osten besitzen zusammen weniger als fünf Prozent an den Weltreserven. In Jordanien und im Libanon sprudelt überhaupt kein Öl. Verschärft wird die wirtschaftliche Kluft durch die extrem unterschiedliche Bevölkerungsdichte in den einzelnen Ländern. Das Bruttosozialprodukt der einzelnen Staaten ist gleichsam ein Spiegel dieser Verhältnisse. Am wohlhabendsten sind die bevölkerungsarmen Staaten mit großen Ölvorkommen bzw. hohen Fördermengen (V.A.E., Kuwait, Katar). Am ärmsten sind die Länder, die womöglich mit einer hohen Bevölkerung, aber kaum oder gar nicht mit Erdöl gesegnet sind (Jemen, Ägypten, Libanon, Jordanien). Dazwischen liegen die Öl-exportierenden, aber bevölkerungsreichen Staaten (Irak, Iran).

Um das Konfliktpotential zu verringern, haben die reicheren Staaten ihre armen ›Bruderstaaten‹ bislang großzügig unterstützt. Das starke Ungleichgewicht ist nicht zuletzt das Ergebnis der europäischen Kolonialpolitik, die ohne Bedacht auf wirtschaftlichen Ausgleich ›mit dem Lineal‹ Grenzen gezogen hatte, auch um ihre eigenen ökonomischen und politischen Interessen in der Region zu sichern. Die gesamte Region wurde von den Europäern in Konzessionsgebiete aufgeteilt und 1938 waren alle potentiellen Erdöllagergebiete vergeben. Die Erdölländer selbst, beziehungsweise ihre Herrscher, wurden von den ausländischen Ölgesellschaften mit geringfügigen Gebühren abgefunden: Noch 1960 betrug der Anteil für einen Barrel Öl gerade einen halben Dollar.

Diese Entwicklung führte schließlich zur Gründung der OPEC, der Organisation erdölexportierender Länder, durch Saudi-Arabien, Kuwait, Iran, Irak und Venezuela. Schritt für Schritt wurden mehr Mitspracherechte und höhere Gewinnbeteiligungen durchgesetzt, bis in der Folge fast alle in der Golfregion operierenden Ölgesellschaften verstaatlicht wurden. In den folgenden Jahren traten noch Katar, Libyen, Indonesien, Algerien, Ecuador, Nigeria, die Vereinigten Arabischen Emirate (V.A.E.) und Gabun in die OPEC ein.

Wenn auch die beiden Ölpreiskrisen 1973/74 und 1979/80 den meisten Förderländern einen plötzlichen und teilweise sagenhaften Reichtum bescherten, ein funktionierendes Preiskartell wurde die OPEC nie. Der Grund: die ausgesprochen unterschiedlichen

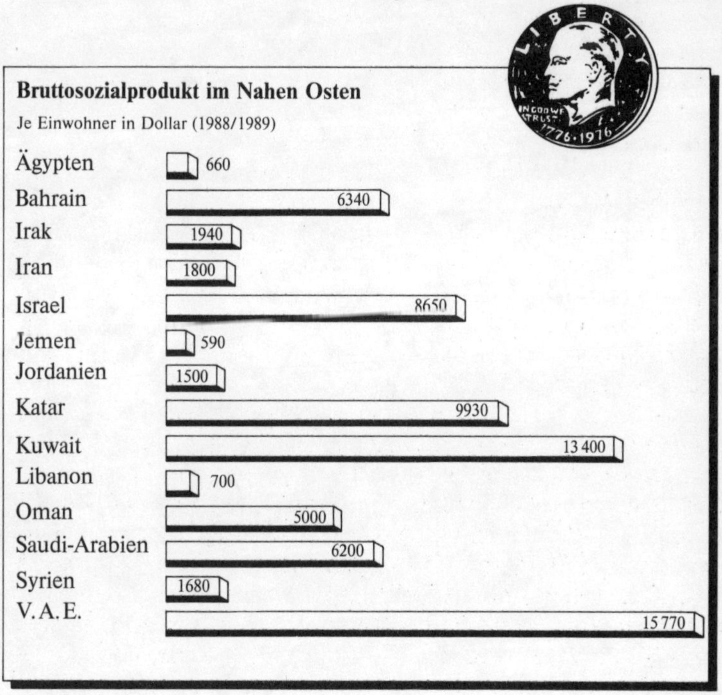

Bruttosozialprodukt im Nahen Osten

Je Einwohner in Dollar (1988/1989)

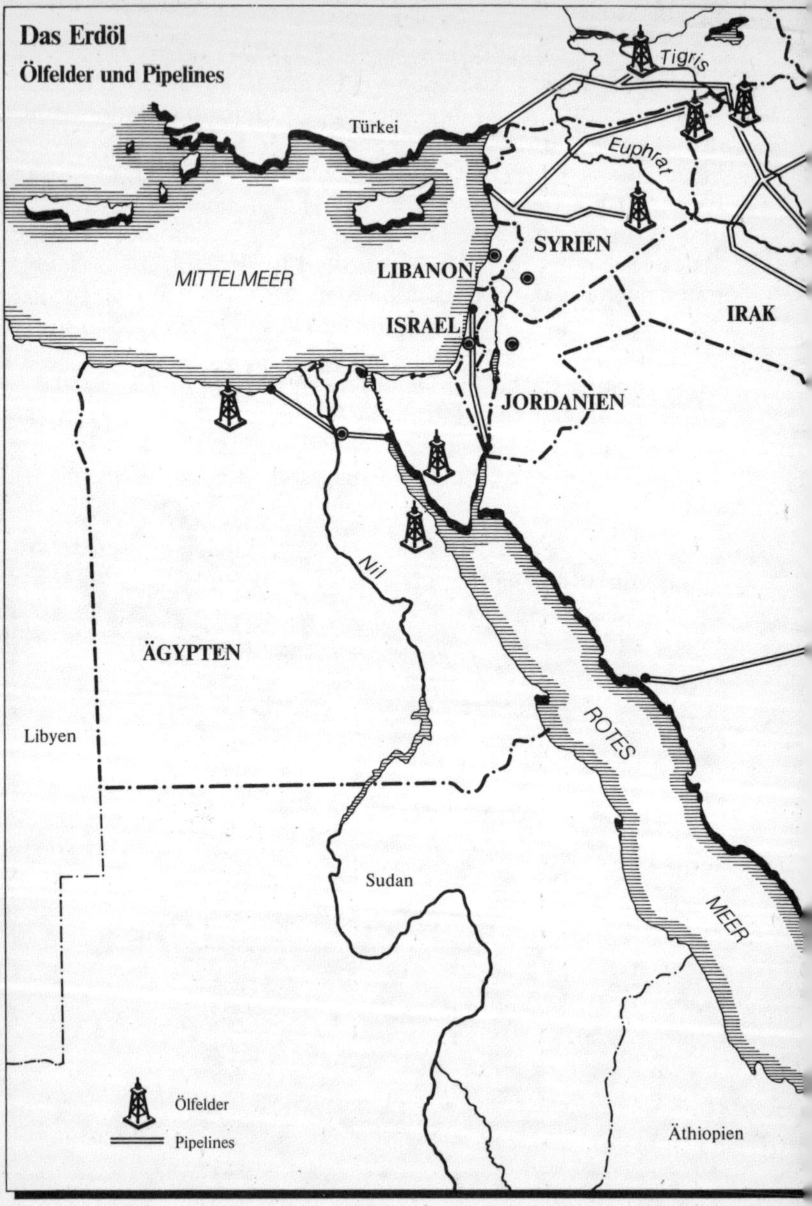
Das Erdöl
Ölfelder und Pipelines
Türkei
Tigris
Euphrat
MITTELMEER
SYRIEN
LIBANON
ISRAEL
IRAK
JORDANIEN
Nil
ÄGYPTEN
Libyen
ROTES
MEER
Sudan
Äthiopien
Ölfelder
Pipelines

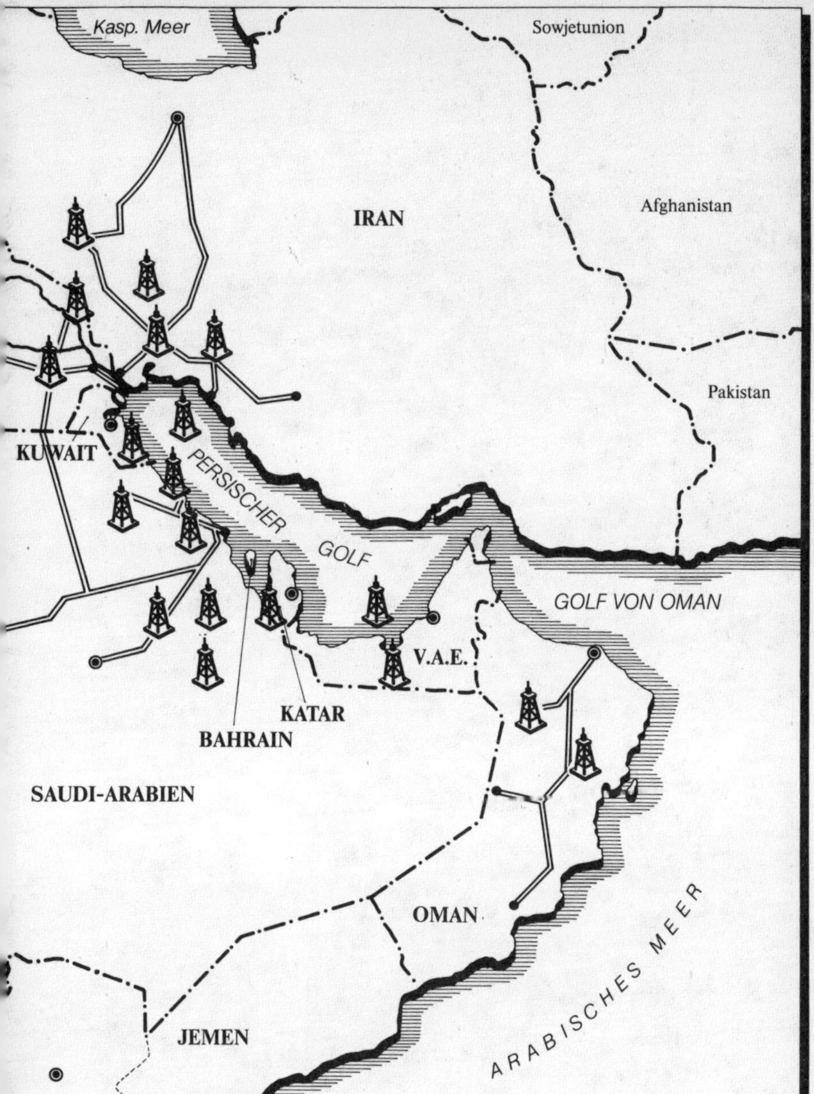

Kasp. Meer
Sowjetunion
IRAN
Afghanistan
Pakistan
KUWAIT
PERSISCHER
GOLF
GOLF VON OMAN
V.A.E.
KATAR
BAHRAIN
SAUDI-ARABIEN
OMAN
ARABISCHES MEER
JEMEN
GOLF VON ADEN

Demonstration des Wohlstandes: saudiarabische Ölscheichs. (dpa)

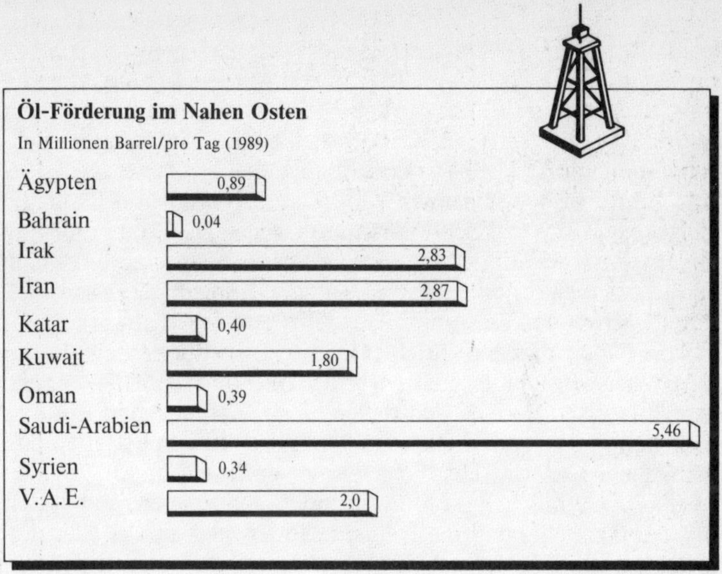
Öl-Förderung im Nahen Osten
In Millionen Barrel/pro Tag (1989)
Ägypten 0,89
Bahrain 0,04
Irak 2,83
Iran 2,87
Katar 0,40
Kuwait 1,80
Oman 0,39
Saudi-Arabien 5,46
Syrien 0,34
V.A.E. 2,0

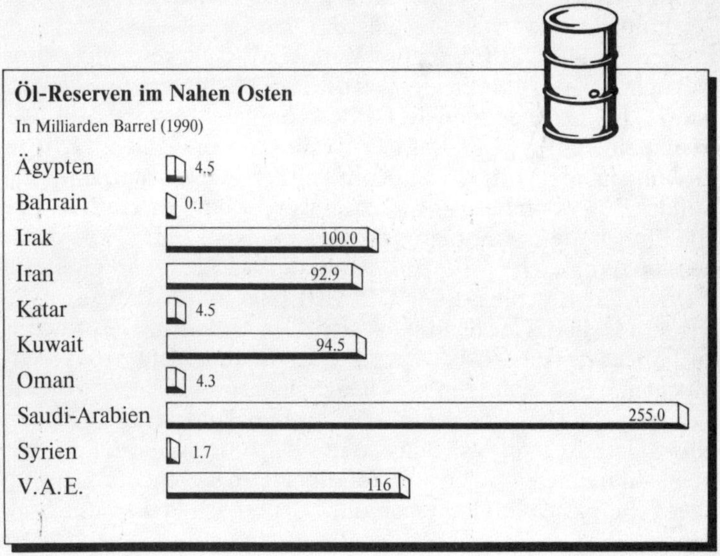
Öl-Reserven im Nahen Osten
In Milliarden Barrel (1990)
Ägypten 4.5
Bahrain 0.1
Irak 100.0
Iran 92.9
Katar 4.5
Kuwait 94.5
Oman 4.3
Saudi-Arabien 255.0
Syrien 1.7
V.A.E. 116

Besitzverhältnisse der Mitglieder. Jedes nur erdenkliche Preisniveau führt zum internen Streit. Ist der Weltmarktpreis für Erdöl zu niedrig, muß die Fördermenge reduziert werden, um das Angebot zu senken und den Preis zu heben. Doch welches Land in den ›sauren Apfel‹ zu beißen hat, das heißt, die Förderung zurückschrauben muß, darüber herrscht regelmäßig Uneinigkeit. Der Irak führte bisher seine große Bevölkerungszahl und dann die Folgekosten des irakisch-iranischen Krieges als Entschuldigung an, um den Kopf aus der Schlinge zu ziehen. Selbst Saudi-Arabien kann es sich kaum noch leisten, Opfer zu bringen, da es seit 1982 unter wachsenden Leistungsbilanzdefiziten leidet. Kuwait und die V.A.E. haben dagegen durch immense Investitionen einen Teil ihrer Volkswirtschaften in die westlichen Industriestaaten verlegt. Ihre Interessen decken sich daher oft mehr mit denen Europas und den USA, sprich niedrige Öl-Preise, für eine florierende Wirtschaft. Der wirtschaftliche Druck der meisten Erdölländer, soviel Öl wie möglich zu fördern und zu exportieren, verbunden mit der Tatsache, daß die Industrieländer nach der zweiten Ölpreiskrise ihren Verbrauch erheblich reduzierten, ließen den Ölpreis in den achtziger Jahren ›in den Keller‹ fallen. Der Rückgang der Einnahmen verstärkte wiederum den Druck zur vermehrten Förderung. Die OPEC war zum Marktbeobachter geworden, ohne daß es ihr gelang, entscheidend in die Preisgestaltung einzugreifen. Am 27. Juli 1990 beschloß die OPEC-Konferenz, erstmals seit 1986 wieder eine offizielle Preiserhöhung für das Rohöl. Durch Kriegsdrohungen im Vorfeld der Konferenz versuchte der Irak, die Sünder Kuwait und die V.A.E. zur Räson zu bringen, das heißt, sie zur Einhaltung der Förderquoten zu zwingen. Fünf Tage später besetzten irakische Truppen Kuwait. Aufgrund der Golfkrise wurden die Beschlüsse der OPEC bereits am 29. August 1990 wieder revidiert. Der Konflikt scheint den Untergang des Kartells zu besiegeln. Auch haben es die Regierungen nicht immer vermocht, die Erlöse aus den Erdölgeschäften sinnvoll zu verwenden, viel ging für Prestigeobjekte oder Waffenkäufe verloren. Kaum einem Land gelang es, seine Wirtschaft zu diversifizieren, das heißt auf mehrere erfolgreiche Standbeine zu stellen, um sich vom alles beherrschenden Exportprodukt Öl und den Preisschwankungen am Weltmarkt unabhängig zu machen.

IRAK

Einer gegen den Rest der Welt

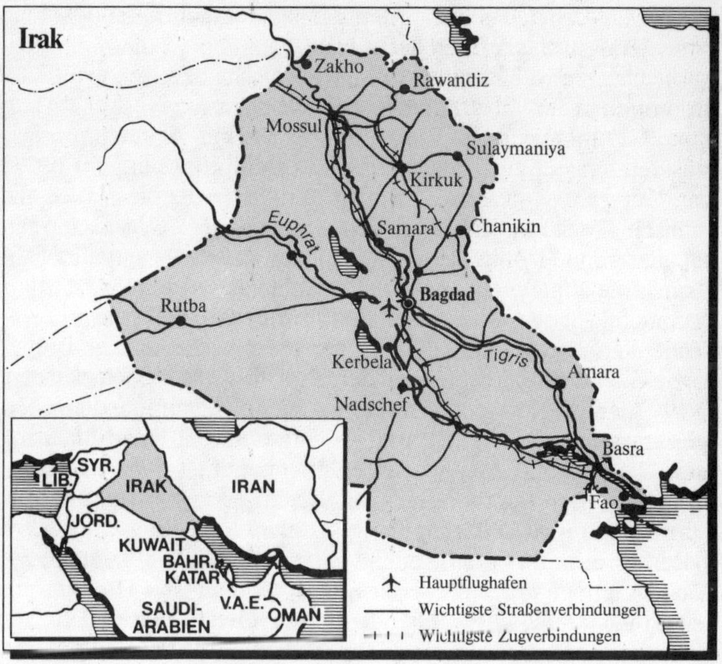

Nach der Niederlage des Osmanischen Reiches im Ersten Weltkrieg wurde der Irak von den Briten besetzt und 1920 als Mandatsgebiet Großbritannien übertragen. Ein Jahr später wurde auf Veranlassung der Briten und gegen den Willen der Bevölkerung der aus Saudi-Arabien vertriebene Faisal zum irakischen König gekrönt. Nach Abschluß eines Bündnisvertrages mit König Faisal I., in dem sich die Engländer ihren Einfluß im Irak über viele Jahrzehnte hinaus sicherten, erhielt das Land 1932 seine formelle Unabhängigkeit.

Die 1927 erstmals kommerziell aufgenommene Erdölförderung blieb ebenfalls in den Händen der Engländer, unter Beteiligung

Frankreichs und den USA. Zur Abwehr gegen die UdSSR begannen die Westmächte nach dem Zweiten Weltkrieg, den Irak strategisch und ökonomisch fest in das westliche Lager zu integrieren und 1955 unterzeichneten der Irak, die Türkei, der Iran und Großbritannien den sogenannten Bagdad-Pakt, der als südöstliche Fortsetzung der NATO gedacht war.

Gleichzeitig wuchs jedoch die anti-britische bzw. anti-westliche Stimmung in der irakischen Öffentlichkeit insbesondere nach dem Angriff Frankreichs, Englands und Israels auf Ägypten, dessen Präsident Nasser zum gesamtarabischen Führungsidol geworden war. 1958 kam es schließlich zur Revolution, an der die Armee, die arabische sozialistische Baath-Partei und andere Organisationen beteiligt waren. König Faisal II. wurde ermordet, die verhaßte Erb-Monarchie abgeschafft und die Republik ausgerufen.

General Kassem übernahm die Führung und ließ eine provisorische Verfassung erarbeiten, in der die Gleichheit aller Bürger sowie die Gleichberechtigung der Frau festgeschrieben wurden. Doch General Kassem schaffte es nicht, die innenpolitischen Gegensätze zu überwinden und errichtete ab 1958 eine Militärdiktatur. Die Baath-Partei wurde entmachtet. Erst 1968 gelang es schließlich der Baath-Partei, das Regime zu stürzen und die Führung im Irak zu übernehmen. Saddam Hussein war an dieser ›68er-Revolution‹ bereits maßgeblich beteiligt, wenn auch zunächst General Hassan al-Bakr Staatspräsident und Hussein nur sein Stellvertreter wurde. Die Ideologie der Baath-Partei (Partei der Wiedergeburt) stützt sich auf den arabischen Sozialismus. Sozialismus jedoch nicht als Klassenkampf verstanden, sondern in erster Linie als politische und wirtschaftliche Unabhängigkeit vom Ausland. Im Sinne des sogenannten Panarabismus ist die Einheit aller arabischer Nationen das letzte Ziel. Privateigentum wird nicht grundsätzlich abgelehnt, doch um eine Ausbeutung der Menschen zu verhindern, müßten so die Baathisten die wichtigsten Industriezweige staatlich sein.

Unmittelbar nach der Revolution begann man, die Armee von antirevolutionären Kräften zu säubern. Die politischen Institutionen, die irakische Verwaltung und die Massenorganisationen wurden mit Parteimitgliedern besetzt. Saddam Hussein übernahm immer mehr die Leitung im Staat, bis er seinen Rivalen al Bakr

1979 aus ›gesundheitlichen Gründen‹ endgültig seines Amtes entheben konnte. Hussein selbst wurde nun Staatspräsident, Premierminister, Generalsekretär der Baath-Partei, Oberbefehlshaber der Streitkräfte und Vorsitzender des Revolutionären Kommandorates.

Der inzwischen neunköpfige Revolutionäre Kommandorat kurz Revolutionsrat ist formal das oberste Machtorgan der Republik. Er ist mit Ausnahme eines Kurden ausschließlich mit Mitgliedern der Baath-Partei besetzt, die zugleich auch Ministerposten innehaben oder andere wichtige Ämter einnehmen. Insofern kann dieser Personenkreis als Machtzentrum des irakischen Staates begriffen werden. Der Ministerrat ist nur Vollzugsorgan, das heißt die Minister sind weisungsgebunden und lediglich zur Ausführung der vom Revolutionsrat erlassenen Gesetze berechtigt. Erst 1980, zwölf Jahre nach der Machtübernahme der Baathisten, wurde ein Parlament gewählt. Die Abgeordenten haben aber nur beratende Funktion, ein Gesetz können sie lediglich dann verabschieden, wenn der Revolutionsrat zustimmt. Neben der Baath-Partei sind im Irak auch andere Parteien zugelassen: eine kommunistische Partei und mehrere kurdische Parteien, die zusammen mit der Baathpartei in der ›Progressiven Nationalen Patriotischen Front‹ organisiert sind.

Gegner der bestehenden politschen Ordnung werden erst gar nicht zur Kandidatur zugelassen. Im Gegenteil: als Verfassungsfeinde abgestempelt, wurden zahllose Oppositionelle verhaftet, hingerichtet, heimlich ermordet, oder aber sie verschwanden spurlos. Die im Irak lebende ethnische Minderheit der Kurden hatte unter den Repressionen besonders zu leiden: Allein 1983 wurden 8000 Kurden von den Sicherheitskräften verschleppt und tauchten nie wieder auf. 1988 wurden 5000 irakische Kurden mit Giftgas umgebracht.

Selbst die Wirtschaft des Irak ist nach der ideologischen Konzeption der Baath-Partei organisiert. Dabei spielt die Wirtschaftsplanung eine besondere Rolle. Der Industrialisierung Iraks wurde absoluter Vorrang eingeräumt, mit dem Ziel, die Bevölkerung mit einheimischen Konsum- und Gebrauchsgütern zu versorgen. Doch erst nachdem die Regierung 1971 die Nationalisierung der Erdölindustrie eingeleitet hatte, konnten die ehrgeizigen Entwick-

In der ›Mutter der Schlachten‹ das Vaterland geopfert:
Saddam Hussein.

lungspläne vorangetrieben werden. Dank gestiegener Öleinnahmen der Irak verfügt nach Saudi-Arabien über die zweitgrößten Ölreserven der Welt erlebte das Land ab 1974 einen enormen wirtschaftlichen Aufschwung. Der Krieg mit dem Iran stetzte diesem Aufschwung allerdings schon bald ein Ende. Die Kriegskosten veranlaßten die Regierung, Kredite aufzunehmen und am Ende des achtjährigen Krieges hatte der Irak rund 80 Milliarden Dollar Schulden angehäuft. Das internationale Wirtschaftsembargo gegen den Irak als Reaktion auf die Besetzung Kuwaits und der Golfkrieg haben den Irak nun endgültig wirtschaftlich ruiniert.

Dabei waren es gerade wirtschaftliche Gründe, die die irakischen Truppen in Kuwait einmarschieren ließen. Abgesehen von der kompromißlos ablehnenden Haltung gegenüber Israel war die irakische Außenpolitik schon in den Jahren zuvor zunehmend von ökonomischen Gesichtspunkten bestimmt worden, während sie zu Beginn der Baath-Regierung noch stärker ideologisch geprägt war.

Die Baath-Partei betrieb nach ihrer Machtübernahme zunächst eine anti-britische beziehungsweise anti-westliche Außenpolitik. Aufgrund der sozialistischen Orientierung der Baath-Partei lag es nahe, mit der Sowjetunion zusammenzuarbeiten. So wurde die UdSSR in den ersten Jahren der Baath-Regierung zum wichtigsten Wirtschaftspartner und Rüstungslieferanten des Irak. 1972 schlossen die beiden Staaten einen auf 15 Jahre befristeten Freundschaftsvertrag. Die Freundschaft kühlte jedoch bald ab, nachdem der Irak veranlaßt durch die reichlichen Öleinnahmen begann, modernste Technologien einzusetzten, die in der UdSSR nicht zu bekommen waren. Der Irak konzentrierte sich zunehmend auf westliche Unternehmen. Als die Sowjetunion 1979 in Afghanistan einmarschierte, ging der Irak schließlich deutlich auf Distanz.

Innerhalb der Region setzte das Baath-Regime, bedingt durch seine Ideologie, zunächst bevorzugt auf die progressiven Regime. Mit dem Nachbarstaat Syrien blieb der Irak allerdings bis heute verfeindet, obwohl in Syrien ebenfalls die Baath-Partei regiert. Ideologische Auseinandersetzungen verhinderten eine Annäherung der beiden Staaten. Schwierig gestalteten sich von Anfang an die Beziehungen zu den traditionellen und pro-westlichen Staaten und Monarchien am Golf, die mit ihren Gesellschaftssystemen und ihrer Politik deutlich den Ansprüchen der Baath-Partei widersprachen. Der anfänglichen Gegnerschaft folgte jedoch zunehmend eine pragmatischere Politik, vor allem, nachdem im Iran die islamischen Fundamentalisten die Macht ergriffen hatten, und der Irak die reichen Monarchien als Verbündete brauchte.

War der Sturz Schah Reza Pahlewis im Irak zunächst noch gefeiert worden, erkannten die Baathisten sehr bald, daß der islamische Fundamentalismus noch weitaus gefährlicher für sie werden konnte als das pro-westliche Schah-Regime es war. Die Ideologie der Baath-Partei propagierte nämlich die Trennung von Religon und Staat, was Ayatollah Khomeini als »gottlos« angriff und zur Ausbreitung der Revolution auf den Irak aufrief. Zudem ist die Hälfte der irakischen Muslime schiitisch wie im Nachbarstaat Iran, doch Saddam Hussein ist Sunnit und sowohl die irakische Regierung als auch die Verwaltung werden von Sunniten dominiert. Als es nach der islamischen Revolution im Iran zu Unruhen im Irak kam, verwies Saddam Hussein 20000 Schiiten des Landes.

Da nach Saddam Husseins Einschätzung der Iran durch die Revolution militärisch geschwächt war, und Hussein außerdem die arabische Welt sowie die Supermächte auf seiner Seite wußte, überschritten am 22. September 1980 irakische Truppen die Grenze zum Iran. Ein 1975 unterzeichnetes Grenzabkommen, den Schatt el Arab betreffend, hatte Hussein fünf Tage zuvor für null und nichtig erklärt. Der erhoffte schnelle Sieg blieb jedoch aus, trotz der massiven Unterstützung durch seine Nachbarn: Saudi-Arabien, Kuwait und die anderen Golfscheichtümer hatten Saddam Hussein erhebliche Finanzhilfen gewährt; Jordanien stellte seinen Hafen Akaba zur Verfügung und der ehemalige ›Erzfeind‹ und ›Verräter‹ Ägypten half nicht nur mit Waffen aus, sondern schickte sogar Soldaten für die irakischen Streitkräfte. Der Krieg dauerte acht Jahre und kostete einer Million Menschen auf beiden Seiten das Leben. Dennoch begriff sich Saddam Hussein als Sieger: Stellvertretend für alle Staaten hatten irakische Soldaten die Ausbreitung der islamischen Revolution verhindert.

Die Zukunft des Iraks ist nach dem Ende des Golfkriegs unsicher. Kann sich Saddam Hussein und die Baath-Partei trotz der Niederlage und trotz der internationalen und nationalen Widerstände an der Macht halten? Wenn nein, wer kommt nach ihm? Eines ist jedoch sicher. Die Bedeutung des Iraks im Nahen Osten wird sowohl mit als auch ohne Saddam Hussein bleiben.

KUWAIT
Die Ölscheichs in Bedrängnis

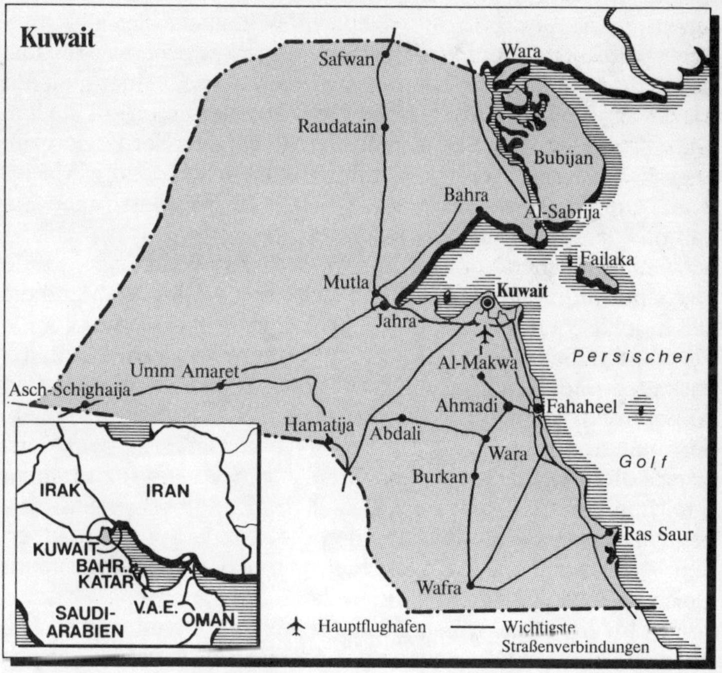

Mit einer Gesamtfläche von 17 818 Quadratkilometer ist das Emirat Kuwait kleiner als Rheinland Pfalz und trotzdem erzielt das Land durch seine Öleinnahmen die stattlichsten Pro-Kopf-Einkommen der Welt.

Doch Öl war nicht immer die wichtigste Einnahmequelle für den Kleinstaat. Zu Beginn des 18. Jahrhunderts ließen sich mehrere Beduinen-Familien, die aus Innerarabien kamen, südlich der Bucht von Kuwait nieder und gründeten eine Siedlung gleichen Namens. Unter ihnen war auch die Familie Al Sabah, die 1756 die Führung übernahm und bis jetzt die Herrscher Kuwaits stellt. Schnell wuchs Kuwait zu einem blühenden Handelsstützpunkt heran, mit einem Seehafen, der die anderen Häfen an der Ostküste der arabischen Halbinsel bald in den Schatten stellte.

Als die Osmanen Ende des 19. Jahrhunderts versuchten, Kuwait in ihr Reich zu integrieren, sah Großbritannien seine Interessen in der Region bedroht. 1899 schloß England deshalb einen Schutzvertrag mit dem kuwaitischen Herrscher Scheich Mubarak al Sabah, in dem der Scheich verpflichtet wurde, keiner anderen Macht als England kuwaitisches Land zur Verfügung zu stellen. Gleichzeitig setzte der wirtschaftliche Niedergang der Region ein. Die ehemals einflußreiche Kaufmannschicht verlor ihre Macht, wobei die der Herrscherdynastie Sabah in gleichem Maße zunahm.

Wenige Wochen vor Ausbruch des Ersten Weltkrieges wurde das Scheichtum zum englischen Protektorat erklärt. Während die außenpolitischen Kompetenzen auf England übergingen, konnte die Familie Sabah ihre Herrschaft im Inneren uneingeschränkt ausbauen und absichern. 1922 legten die Briten im sogenannten Abkommen von Uquair die Grenzen zwischen Saudi-Arabien, dem Irak und Kuwait fest. Um einen Kompromiß mit dem Herrscher Saudi-Arabiens über die Grenze seines Landes zu Irak zu erreichen, wurden ihm zwei Drittel des kuwaitischen Staatsgebietes zugesprochen. Zwischen den drei Ländern wurden außerdem neutrale Zonen eingerichtet, die jedoch inzwischen zu gleichen Teilen aufgeteilt wurden.

Erst im Juni 1961 erhielt Kuwait seine volle Unabhängkeit und nur eine Woche später erklärte der damalige irakische Staatspräsident Kuwait zum irakischen Staatsgebiet. Nur die Entsendung britischer Truppen verhinderte schon 1961 die militärische Besetzung Kuwaits durch die Iraker.

Wie damals Kassem, behauptet Saddam Hussein heute, daß Kuwait während der osmanischen Herrschaft in dieser Region Teil der osmanischen Provinz Basra war und es heute auch so sein soll. Kuwait dagegen bestreitet, überhaupt jemals dem osmanischen Reich angegliedert gewesen zu sein. Der kuwaitische Sheik Sabah habe lediglich gute Beziehungen zu den Osmanen unterhalten. Folglich könne Kuwait nicht einmal zur Zeit des Osmanischen Reiches ein Teil von Basra gewesen sein. Abgesehen davon, so die Argumentation der Kuwaitis, seien die Gebietsansprüche schon allein deswegen unrechtmäßig, weil der Irak als unabhängiger Staat damals noch gar nicht existierte und deshalb auch keine Ansprüche aus jener Zeit anmelden könne.

Gleichgültig, welche Interpretation für richtig erachtet wird, bereits 1963 hatte die irakische Regierung jedenfalls die Unabhängigkeit und die territoriale Integrität des kleinen Nachbarstaates in einem Abkommen ausdrücklich anerkannt. Das Emirat unterstützte auch seinen nördlichen Nachbarn im Krieg gegen den Iran.

Mit der Entdeckung einer der größten Öl-Lagerstätten der Erde im Jahr 1938 begann der sagenhafte Aufstieg des Scheichtums. In den folgenden Jahrzehnten wurde Kuwait zu einem der reichsten Länder der Welt. Obwohl sich die kuwaitische Regierung formal zu marktwirtschaftlichen Prinzipien bekennt, blieben die Schlüsselindustrien und die Banken in Staatsbesitz oder zumindest unter staatlicher Kontrolle. Ansonsten waren die kuwaitischen Machthaber bemüht, durch umfangreiche Subventionen eine privatwirtschaftlich organisierte, vielschichtige Industrialisierung in Gang zu setzen, um das Land vom Erdölexport unabhängig zu machen.

Doch vor dem Golfkrieg wurden nach wie vor mehr als 95 Prozent des industriellen Bruttoinlandsprodukts im Erdölsektor erwirtschaftet. Die Bedeutung des privaten Produktionsbereichs blieb jedoch verschwindend gering. Gemildert wird die Abhängigkeit vom Öl durch die umfassenden Auslandsinvestitionen in Europa und den USA, deren Rückflüsse bereits 1982 erstmals die Erdöleinnahmen überstiegen. Außerdem hat die kuwaitische Regierung einen Fonds gegründet, in dem jeweils zehn Prozent der jährlichen Staatseinnahmen für spätere Generationen gesammelt werden.

Als großes Problem galt die Bevölkerungsentwicklung. Durch die Zuwanderung von Arbeitskräften lebten 1965 erstmals mehr Ausländer als Einheimische in Kuwait. 1989 betrug der Anteil der Ausländer 60 Prozent, davon waren zwei Drittel Männer. Die Regierung war in jüngster Zeit bemüht, durch eine restriktive Einwanderungspolitik diese Situation zu beheben, da das Übergewicht der Ausländer als Gefährdung empfunden wurde. Diese Einschätzung dürfte insofern zutreffen, als die Ausländer sowohl im politischen System als auch bei den Sozialleistungen und der

Kuwait: Ein ägyptisches Panzerfahrzeug wird beim Überfahren einer irakischen Mine ›in der Luft‹ zerissen. (dpa)

Kaum Widerstand: Zwei Iraker ergeben sich mit erhobener Fahne den Alliierten. (dpa)

Macht sich Mut: saudiarabischer Pilot vor einem Einsatz in Kuwait. (dpa)

Die Zukunft Kuwaits: Der kuwaitische Emir Scheich Jaber Al-Ahmad Al-Sabah blickt skeptisch. (dpa)

Entlohnung gegenüber der einheimischen Minderheit extrem benachteiligt wurden. Die scharfe Trennung der kuwaitischen Gesellschaft in privilegierte Einheimische und beinahe rechtlose Ausländer unterschiedlichster Herkunft barg Konflikte.

Kuwait ist laut Verfassung eine konstitutionelle Erbmonarchie, in der Praxis sind jedoch die Kompetenzen des Emirs so groß, daß er und seine Minister vom Parlament praktisch nicht kontrolliert werden können. Schon zwei Mal lösten die kuwaitischen Herrscher das Parlament - unter Bruch der Verfassung - einfach auf, als Abgeordnete der neuen kuwaitischen Mittelschicht mehr Rechte einklagten und es in der Folge zu Auseinandersetzungen kam. Nach vier Jahren ohne Volksvertretung wurden im Juni 1990 wieder Parlamentswahlen abgehalten: 50 Abgeordnete konnten gewählt werden, 27 Abgeordnete wurden vom Emir ernannt. Der Emir ernannte auch die zahlreichen Minister, wobei die wichtigsten Ministerien, wie das Erdöl-, das Außen-, das Innen- oder das Verteidigungsministerium seit jeher nur von Mitgliedern des Herrscherhauses geführt werden.

Während der Invasion Iraks in Kuwait befand sich die kuwaitische Regierung einschließlich dem Staatsoberhaupt Emir Scheich Jaber al Ahmad al Japer al Sabah im Exil. Nach der Beendigung des Golfkriegs hat die Herrscherfamilie innerhalb der nächsten sechs Monate neue Parlamentswahlen zugesichert. Und auch die Hinwendung zur Demokratie soll nun endgültig vollzogen werden. Doch die Kriegsschäden in Kuwait sind so groß, daß die nächsten Jahre große wirtschaftliche und politische Unsicherheiten in sich bergen.

Saudi-Arabien
Land der tausend Prinzen

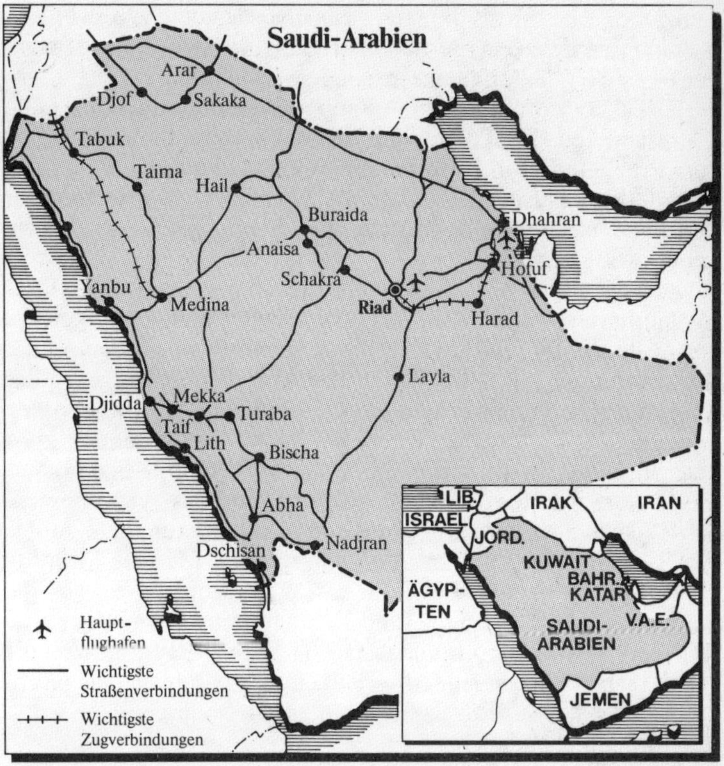

Saudi-Arabien ist ein Land der Gegensätze: Mit einer Fläche von 2,15 Millionen Quadratkilometern zählt Saudi-Arabien zu den größten Staaten der Welt. Nimmt man die Bevölkerung, ist das Land allerdings eher ein Kleinstaat: Knapp 15 Millionen Menschen leben in diesem Gebiet. Nicht einmal ein Prozent der saudischen Staatsfläche ist landwirtschaftlich nutzbar, der riesige Rest besteht aus Sand- oder Steinwüsten. Trotzdem ist Saudi-Arabien einer der reichsten Flächenstaaten der Erde und der wichtigste arabische Industriestaat. Saudi-Arabien zählt aber gleichzeitig zu den traditionellsten Herrschaftssystemen der islamischen Welt.

Die Geschichte Saudi-Arabiens verlief auf den ersten Blick weniger dramatisch als die seiner Nachbarstaaten. Die unwirtliche Gegend war vielerorts menschenleer; dort, wo sich Viehwirtschaft betreiben ließ, lebten arabische Beduinenstämme, die sich meist gegenseitig bekämpften und in Raubzügen und Kriegen das Land verunsicherten. Zu Beginn des siebten Jahrhunderts gelang es dem Propheten Mohammed erstmals, durch die Verkündung und Verbreitung des Islams, die Stämme zu einen. Doch nach seinem Tod fielen sie wieder in ihre alte, von Stammesfehden diktierte Lebensweise zurück.

Daran änderte sich wenig, als die arabische Halbinsel im 16. Jahrhundert unter die Herrschaft des Osmanischen Reiches fiel. Mitte des 18. Jahrhunderts begann schließlich ein islamischer Rechtsgelehrter mit dem Namen Ibn Abd al Wahhab, gegen das wenig religiöse Verhalten und die ›laxe‹ Moral seiner Zeitgenossen zu kämpfen. Er forderte stattdessen eine Rückbesinnung zum ursprünglichen Islam und gewann den in Riad ansässigen Stammesfürsten Scheich Muhammad Ibn Saud als Verbündeten. Schon damals schlossen die beiden ein Abkommen, demzufolge Ibn Saud die weltliche und Abd al Wahab die religiöse Führung übertragen werden sollte, falls es ihnen gelingen würde, die Stämme zu einigen und die fundamentalistische islamische Lehre Ibn Abd al Wahhabs durchzusetzen. Versuche, dieses Ziel zu verwirklichen blieben jedoch vorerst erfolglos und auch die Nachfahren Mohammad Ibn Sauds konnten die saudische Herrschaft nur vorübergehend sichern.

Erst Anfang des 20. Jahrhunderts gelang es dem damals 20jährigen Abd al-Aziz Ibn Abd ar Rahman al Faisal al Saud, die arabischen Stämme dauerhaft zu vereinigen. 1926 wurden alle saudischen Provinzen zusammengefaßt. Abd al Aziz, der sich seitdem kurz Ibn Saud nannte, gilt deshalb als Begründer des Königreichs Saudi-Arabien. Mit Geldschenkungen, aber auch mit Gewalt sicherte sich Ibn Saud in den folgenden Jahren die Loyalität der Stämme. Am erfolgreichsten erwies sich allerdings die Heiratspolitik, die Ibn Saud einleitete: Er heiratete die Töchter der Scheichs, das heißt der Stammesführer. Sobald sie einen Sohn geboren hatten, kehrten die Frauen mit ihren Kindern zu ihren Stämmen zurück. Die ›Prinzen‹ stellten für die Stämme eine ehrenvolle Verbindung zum saudischen Königshaus dar und fungierten später oft als natürliche Vermittler zwischen ihrem Stamm und dem Herrscherhaus. Die vielschichtigen Verwandtschaftsbeziehungen, inzwischen zählt das Königshaus mehrere tausend Mitglieder, verhinderten bis heute ernsthaften Widerstand der Stämme gegen das Herrscherhaus.

Der geographischen Lage Saudi-Arabiens und der geschickten Politik Ibn Sauds ist es schließlich auch zuzuschreiben, daß der Einfluß des englischen Kolonialismus in Saudi-Arabien weniger wirksam wurde als in den Nachbarstaaten. Bereits 1915 hatte Großbritannien die Unabhängikeit Saudi-Arabiens anerkannt.

Die Nachfahren Ibn Sauds setzten im wesentlichen die Politik des Staatsgründers fort. Was die Thronfolge betrifft, so hat sich in Saudi-Arabien eine Praxis herausgebildet, nach der ein gegebener Erbanspruch und das Auswahlsystem nebeneinander bestehen. Es existiert keine direkte Erbfolge vom Vater auf den ältesten Sohn. Es hängt von der Einigung der Familie ab, wer aus der riesigen Verwandtschaft Thronfolger wird. In der Vergangenheit hat sich die Praxis durchgesetzt, das höchste Regierungsamt jeweils einem Bruder des letzten Königs zu übertragen. Dabei werden Stammeszugehörigkeiten, Fraktionen und politische Anschauungen innerhalb der Familie berücksichtigt. Ibn Saud ernannte noch seinen Sohn Saud zum Nachfolger, den die Familie jedoch wegen seiner gescheiterten Wirtschaftspolitik zum Rücktritt zwang. Statt ihm wurde sein Bruder Faisal 1946 zum König proklamiert. Faisal ernannte seinen Bruder Khalid zum Kronprinzen, der schließlich nach Faisals Ermordung im Jahre 1975 das Amt übernahm. Khalid ernannte wiederum seinen Bruder Fahd zum Kronprinzen, der nun seit 1982 saudischer König ist. Dem Kronprinzen werden frühzeitig Regierungsämter übertragen und so hat er viele Jahre Gelegenheit, sich mit den Regierungsgeschäften vertraut zu machen. Dadurch soll die optimale Neubesetzung des Thrones gewährleistet werden.

Wirtschaftlich steht Saudi-Arabien noch auf gesunden Beinen. Der Erdölexport brachte teils ›märchenhafte‹ Erlöse, die 1981 mit

102 Milliarden Dollar ihren Höhepunkt erreichten. Mit dem Ölpreissturz Mitte der achtziger Jahre haben sich die Einnahmen zwar beträchtlich verringert, doch Saudi-Arabien hat mit Hilfe seines Erdgases eine rentable petrochemische sowie energieintensive Grundstoffindustrie für Stahl, Aluminium und Kupfer aufgebaut. Bisher galt der Staat durch die öffentlichen Investitionen als der Motor der Entwicklung, doch soll in Zukunft die Initiative zunehmend auf ausländische und vor allem einheimische Privatunternehmen übergehen. Infrastrukturen, Energie und Kaptital werden zu diesem Zweck weit unter dem sonst üblichen Preis bereitgestellt. Schwierigkeiten bereiten allerdings der Wassermangel, die geringe Bevölkerungszahl bzw. ihre ungleiche Verteilung und der Mangel an guten Arbeitskräften.

Nach westlichem Verständnis muß Saudi-Arabien als absolute Monarchie verstanden werden. Der König ist mittlerweile weltliches und geistiges Oberhaupt zugleich. Es gibt weder Parteien, ein Parlament noch Wahlen. Saudi-Arabien hat auch keine Verfassung. Einzige Rechtsgrundlage ist das islamische Recht, das sehr ausführlich das gesellschaftliche Leben regelt und, weil es von Gott gegeben ist, andere Gesetze beziehungsweise eine gesetzgebende Instanz überflüssig macht. Doch in der Praxis war das islamische Recht den steigenden Anforderungen eines sich wirtschaftlich und sozial schnell wandelnden Landes nicht mehr gewachsen. Man behilft sich deshalb seit langem königlicher Dekrete, die das Verhalten in Wirtschaft, Handel, Arbeit oder Bildung regeln und die praktisch Gesetzeskraft haben. Formal ist die Macht im saudischen Staat auf den König konzentriert. Mit der Entwicklung des Landes und der wachsenden Komplexität der Aufgaben war der König allerdings zunehmend auf die Hilfe eines Stabes von Mitarbeitern angewiesen. Heute gibt es zahlreiche Ministerien und einen Ministerrat. Doch werden die Minister weiterhin vom König ernannt und die wichtigsten Ministerien mit Mitgliedern der königlichen Familie besetzt. Zudem kann der König die Entscheidungen seiner Minister jederzeit widerrufen. Der König selbst übernahm bisher das Amt des Ministerpräsidenten, um eine mögliche Machtverschiebung zugunsten des Ministerpräsidenten von vornherein zu unterlaufen. Die Teilnahme der Bevölkerung am politischen Willensbildungsprozeß beschränkt

Demonstrieren Freundschaft angesichts der Krise:
Der saudische König Fahd und Ägyptens Staatspräsident Hosni Mubarak im Oktober 1990. (dpa)

sich auf das sogenannte Majlis. Darunter versteht man nach altem Beduinenbrauch periodisch abgehaltene Sitzungen, in denen theoretisch jedem saudischen Bürger das Recht zusteht, den königlichen Machthabern ihre Bitten oder Beschwerden vorzutragen. Sie werden dann an die zuständigen Behörden oder Insitutionen weitergeleitet.

Trotz allem kann das saudische Herrschaftssystem nicht als autokratisch oder gar willkürlich bezeichnet werden. Die Entscheidungen des Königs sind an das islamische Recht gebunden und werden von der Geistlichkeit überprüft. Das eigentliche Machtzentrum bleibt der Familienrat, ein engerer Kreis, der aus etwa 70 Mitgliedern der Königsfamilie besteht. Hier werden die wichtigen Entscheidungen gefällt. Der oft langwierige Prozeß von Information und Beratung sowie der Zwang zu Kompromissen und Konsens innerhalb des Familienrats garantiert letztendlich die gemäßigte Politik der saudischen Könige. Doch durch die Bürokratisierung, durch die expandierende Wirtschaft und die verbesserte Ausbildung sind neue Eliten entstanden; Akademiker, Verwaltungsbeamte, Manager und Technokraten, die sich mit dem vom Königshaus gewährten Maß an Repräsentanz nicht mehr zufrieden geben. Sie fordern Demokratisierung, verlangen verfassungsrechtlich gesicherte Mitsprache- und Mitwirkungsrechte an der saudischen Entscheidungsfindung. Und viele von ihnen fordern die Trennung von Religion und Politik: Sie halten den im 18. Jahrhundert entstandenen Wahhabismus für nicht mehr zeitgemäß. Auf der anderen Seite stehen jedoch die Fundamentalisten, die Geistlichkeit und ihre gläubigen Anhänger, die den durch die wirtschaftliche Entwicklung notwendig gewordenen Modernisierungskurs der Sauds zunehmend kritisieren.

Zwar wurde die Dynastie der Sauds in der Vergangenheit nie ernsthaft in Frage gestellt, doch der Druck dieser gegensätzlichen gesellschaftlichen Gruppen auf das Herrscherhaus wächst. Der Golfkrieg verdeutlicht dies besonders: Vielen Geistlichen sind die ungläubigen Amerikaner im Land ein Dorn im Auge, auch wenn die Hegemoniebestrebungen des Irak eine unmittelbare Gefahr für das bevölkerungsarme Land darstellen. Ob Saudi-Arabien, ein Staat, der nur durch massive externe Hilfestellung vor einer ernsthaften militärischen Bedrohung geschützt werden kann, nach Beendigung des Golfkrieges wieder dauerhaft eine führende Rolle in der Region übernehmen kann, ist derzeit fraglich.

BAHRAIN, KATAR, VEREINIGTE ARABISCHE EMIRATE
Reich und verwundbar

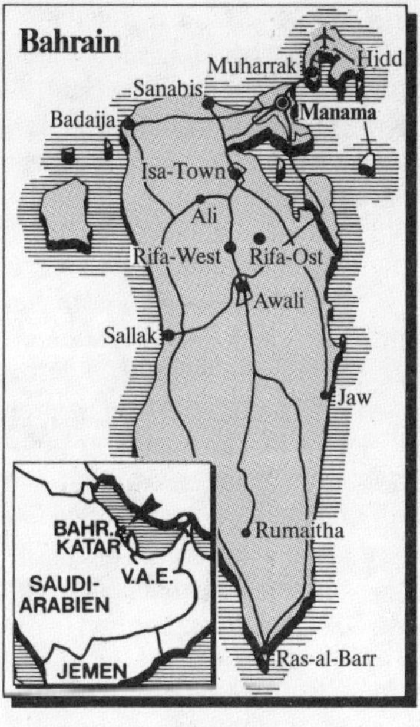

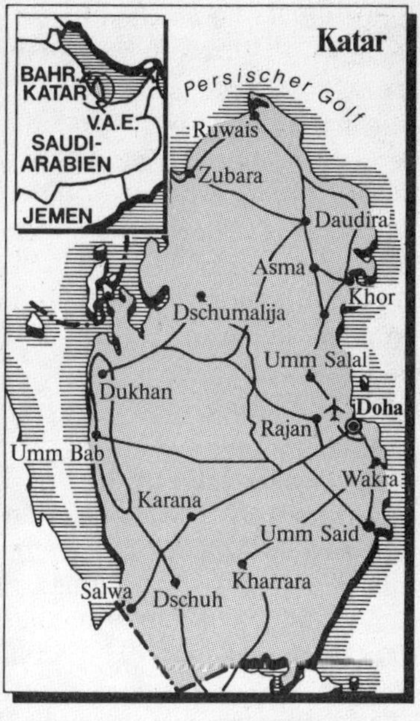

Die Südküste des Persischen Golfes zwischen dem heutigen Bahrain und den Vereinigten Arabischen Emiraten erlangte schon im 17. Jahrhundert als Piratenküste Berühmtheit. Heute ist die Gegend aus einem anderen Grund ›sagenhaft‹: wegen ihres Öl-Reichtums. Dabei ist nur das Emirat Abu Dhabi mit 111 Milliarden Barrel Ölreserven wirklich reich. Die Ölvorkommen Dubais, Scharjas und Ras al-Chaimas sind erheblich geringer. Die übrigen drei Scheichtümer der Vereinigten Arabischen Emirate (V.A.E.), Ajman, Fudschaira und Umm al-Kaiwain, haben keine eigenen Ölvorkommen. Sie profitieren vom Öl lediglich durch die Teilhabe am Bundeshaushalt der Föderation.

Katars Reserven von etwa vier Milliarden Barrel reichen noch rund 35 Jahre und Bahrain führt längst saudisches Rohöl ein, um seine Raffinerien auszulasten. In etwa fünf Jahren wird der Ölstrom in Bahrain versiegt sein.

Der Ölboom nach 1973 hatte jedoch allen drei Staaten zunächst extrem hohe Einnahmen beschert und zu einer drastischen Erhöhung des Lebensstandards geführt. Alle drei Volkswirtschaften bemühten sich, die zeitlich begrenzten Öleinahmen in eine dauerhafte Wirtschaftsentwicklung zu investieren. Sämtliche Landesteile wurden durch ein modernes Kommunikationsnetz erschlossen, die technische und soziale Infrastruktur wurde verbessert, sogenannte Downstream-Industrien, das heißt Industrien, die das Öl weiterverarbeiten oder veredeln, wurden aufgebaut. Einen wichtigen Bereich stellt auch der Dienstleistungssektor dar, getragen vom Handel, der Verwaltung und dem Bankensystem. Insbesondere Bahrain hat sich seit Mitte der 70er Jahre zu einem bedeutenden internationalen Finanzzentrum entwickelt.

Trotz dieser Erfolge ist es bisher jedoch keinem der drei Staaten gelungen, die Wirtschaft zu diversifizieren. Der Aufbau von Industrie ohne direkten Bezug zum Erdöl- bzw. Erdgassektor hält sich in Grenzen. Dabei fehlte es den drei Staaten weniger an Geld, als vielmehr an Arbeitskräften, um eine dauerhafte, vom Öl unabhängige Wirtschaftsentwicklung in Gang zu setzen. Abgesehen von den Rückflüssen aus den zahlreichen Auslandsinvestitionen bleibt also nach wie vor die Erdölwirtschaft der weitaus wichtigste Bereich und somit auch die Abhängigkeit vom internationalen Ölmarkt und seinen Schwankungen.

Bahrain ist mit seinen insgesamt 33 Inseln nur annähernd so groß wie Hamburg, Katar ist etwa halb so groß wie Hessen und die sieben Scheichtümer der V.A.E. nehmen zusammen weniger als ein Drittel der Fläche der Bundesrepublik ein. Alle drei Staaten haben erst 1971 ihre Unabhängigkeit erhalten. Zuvor waren sie Protektorate Großbritanniens. Die Herrscher der Scheichtümer der Arabischen Emirate hatten sich auf Anregung Englands schon 1952 zu einem Koordinationsrat, dem sogenannten Trucial Council, zusammengeschlossen. Nachdem Großbritannien den Abzug seiner Truppen aus der Region angekündigt hatte, bildeten die Trucial-Staaten mit Bahrain und Katar die ›Föderation Arabischer

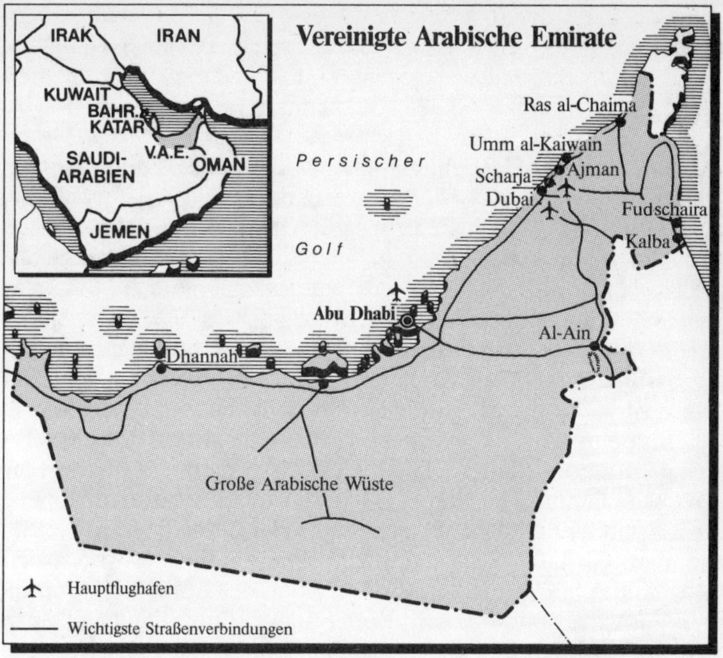

Emirate«. Die Mitglieder beabsichtigten ursprünglich, in dieser Formation einen unabhängigen Staat zu gründen, doch aufgrund unterschiedlicher Interessen trennten sich Bahrain und Katar schließlich doch von der Föderation und wurden selbständige Staaten. Die Trucial States dagegen stimmten einer Bundesverfassung zu und gingen als Vereinigte Arabische Emirate in die Unabhängigkeit.

Bahrain kann als eines der wenigen Emirate am Golf auf eine lange Geschichte bis in das dritte Jahrtausend v. Chr. verweisen. Die Ursprünge der heutigen Herrscherdynastie, der Familie al Khalifa, reichen zurück in das Jahr 1783. Sie kam mit ihrem Stamm aus Zentralarabien, vertrieb die damals herrschenden Perser von den Inseln und etablierte später unter der Obhut der Briten ihre eigene Herrschaft. Da die Bewohner des Archipels schiitisch bzw. persisch orientiert waren, die Einwanderer aber der sunnitischen Richtung des Islam angehörten, kam es in den folgenden Jahrzehnten immer wieder zu Auseinandersetzungen. Noch heute führt dieser Gegensatz zu Legitimationsproblemen der Herrscherfamilie Khalifa. Die Schiiten, 70 Prozent der Bevölkerung, tendieren zu einer strengeren Auslegung des Islam als die Angehörigen der Herrscherfamilie. Darüber hinaus dominiert die sunnitische Minderheit (30 Prozent) in der staatlichen Verwaltung, auch wenn die beiden Religionsgruppen formal gleichberechtigt sind. Zwar wurde nach der Unabhängigkeit eine Verfassung erarbeitet, doch ist sie größtenteils außer Kraft gesetzt. Ein 1973 gewähltes 30-köpfiges Parlament wurde bereits 20 Monate später wieder aufgelöst, da die Abgeordneten sich weigerten, ein von der Regierung vorgelegtes Sicherheitsgesetz zu verabschieden. Mit einer Verhaftungswelle wurde die Oppositionsführung ausgeschaltet. Bis heute wurde kein Ersatz geschaffen. Parteien und Gewerkschaften sind verboten. Die Macht liegt damit allein bei der Herrscherfamilie. Die Herrschaft des Emirs als Staatsoberhaupt ist erblich und an die Khalifa gebunden. Derzeit ist Scheich Isa Bin Sulman al-Khalifa Staatsoberhaupt. Premierminister ist Scheich Khalifa Bin Sulman al-Khalifa. Der Sohn des Emirs ist Thronfolger und Verteidungsminister. Fünf weitere Ministerämter sind von Angehörigen der Khalifa besetzt. Zwar gibt es linke und islamische Oppositionsgruppen in Bahrain, sie müssen jedoch im Untergrund arbeiten.

Auch die Herrscherfamilie Katars, die al-Thani, entstammt einem innerarabischen Beduinenstamm, der sich sich im 18. Jahrhundert auf der kleinen Halbinsel Katar niederließ. Und wiederum verhalfen die Briten den al-Thani zu ihrer Führungsrolle. Die Familie bekennt sich wie die saudische Herrscherfamilie zum orthodoxen Wahhabismus, woraus bis heute eine enge Beziehung zum großen Nachbar Saudi-Arabien resultiert. Im Gegensatz zu Bahrain gibt es hier allerdings keine religiösen Konflikte, da neun Zehntel der einheimischen Bevölkerung Wahhabiten sind. Allerdings besteht die katarische Bevölkerung – je nach Konjunktur – zu 50 bis 75 Prozent aus Ausländern. Die größte Gruppe stellen die Pakistanis. Wenn auch die Ausländer nicht am politischen Prozeß teilhaben dürfen, können sie im Gegensatz zu den Fremdarbeitern in Kuwait zumindest an der gut ausgebauten sozialen Infrastrukur partizipieren. Schon vor der Unabhängigkeit wurde eine provisorische Verfassung geschaffen, die allerdings bis heute provisorisch geblieben ist. Sie sieht die Trennung zwischen Legislative, Exekutive und Judikative vor. In der Praxis ist aber die Macht ebenfalls auf die Herrscherfamilie konzentriert, die allerdings ähnlich wie in Saudi-Arabien aus mehreren tausend Mitgliedern besteht, und damit ein gewisser Zwang zur Konsensfindung existiert. Seit 1972 ist Scheich Khalifa Bin Hamad al-Thani Staatsoberhaupt, nachdem er – offenbar mit Zustimmung der Familie – seinen Vetter Scheich Ali II. gestürzt hatte. Die Mehrzahl der vom Emir ernannten Minister sind wiederum Angehörige der al-Thani. Neben dem Kabinett gibt es eine beratende Versammlung, deren 30 Mitglieder theoretisch zwar gewählt, praktisch aber vom Emir ernannt werden. Die Gerichtsbarkeit Katars hat ihre Grundlage in einem Zivilrechtskodex, der sich an ägyptischen und britischen Vorbildern orientiert. Nachdem der Golf-Kooperationsrat 1984 allerdings die Anwendung des islamischen Rechts, der Scharia, beschlossen hat, müssen sich die katarischen Gerichte umstellen. Trotz des hohen Ausländeranteils scheint das politische System Katars stabiler zu sein als das Bahrains, solange zumindest die Bevölkerung am materiellen Wohlstand teilhat.

Bedenkt man die langen, zahllosen Rivalitäten, Stammesfehden und Grenzstreitigkeiten zwischen den verschiedenen Scheichtümern, ist allein schon das Zustandekommen der Vereinigten Arabischen Emirate bemerkenswert. Daß der Bundesstaat bis heute stabil geblieben ist und sich trotz Krisen und Mißerfolgen weiter gefestigt hat, gilt als großer Fortschritt. Zu den Mißerfolgen zählt beispielsweise das Scheitern eines 10-Punkte-Plans 1979, der unter anderem die Abschaffung aller Grenzen innerhalb des Bundesstaates, den Zusammenschluß der Streitkräfte und die Verschmelzung aller Ein- und Ausgaben vorsah. Nicht das reiche Abu Dhabi, wie sich vermuten ließe, sondern Dubai und Ras al-Chaima erhoben Einspruch gegen den Plan, weil sie ihre Eigenständigkeit bedroht sahen.

Abu Dhabi galt dagegen von Anfang an als Vorreiter der Integration: Schon 1973 löste der Scheich von Abu Dhabi Said ben Sultan al Nahadschan seine Regierung auf und übertrug die Befugnisse der Bundesregierung. Aufgrund der Finanzkraft des

Scheichtums - die Hälfte der Erdöleinnahmen werden in den Bundeshaushalt überwiesen - und der Abhängigkeit der anderen Scheichtümer vom Bundeshaushalt, unterstützten die Scheichs die Integrationspolitk Saids; mit Ausnahme Dubais, das ökonomisch eigenständig ist und sich gerne der Bürokratie des Bundesstaates entzieht. Der Herrscher Abu Dhabis, Scheich Said, ist zugleich auch Staatspräsident der V.A.E.. Er wurde vom Obersten Rat, dem Rat der sieben Herrscher, 1971 gewählt und seitdem immer wieder in seinem Amt bestätigt. Der Oberste Rat wählt auch den Vizepräsidenten, ebenfalls seit 1971 Raschid ben Said al-Maktum, der Herrscher Dubais. Außerdem bestimmt der Rat die Politik der Föderation, ratifiziert die Gesetzesvorlagen der Minister und erstellt den Bundeshaushalt. Jede Entscheidung benötigt mindestens fünf der sieben Stimmen, immer aber diejenigen der Emire von Abu Dhabi und Dubai. Laut provisorischer Verfassung läge die Gesetzgebungskompetenz bei einem 40 Personen umfassenden Bundesrat, in den die Scheichtümer Vertreter entsenden. Praktisch hat dieser jedoch nur Beratungsfunktion. Die Rechtsprechung der V.A.E. erfolgt gemäß der Scharia. Wie in Katar sind drei Viertel der Bevölkerung Ausländer, in Abu Dhabi in erster Linie Araber, in Dubai Inder, Pakistanis und Perser. Eine politische Mitwirkung der Immigranten wird auch in den Vereinigten Emiraten weitgehend verhindert.

Sowohl in den V.A.E. als auch in Katar und Bahrain sind nur Ansätze eines modernen Staatsapparates verwirklicht: Wie in Saudi-Arabien und Kuwait bilden die Herrscherfamilien nach wie vor das absolute Machtzentrum des jeweiligen Staates. Eine klare Trennung zwischen öffentlichem und privatem Haushalt der Herrscherfamilien ist in den meisten Fällen nicht gegeben. Die Beteiligung der Bevölkerung am politischen Entscheidungsprozeß ist reduziert auf eher informelle Kanäle. Außenpolitisch sind die drei Kleinstaaten strikt pro-westlich ausgerichtet und eng an Saudi-Arabien gelehnt. Die militärisch schwachen Kleinstaaten sind auf Diplomatie und Bündnispolitik angewiesen, wobei es sich Katar und die V.A.E. leisten konnten, durch großzügige Entwicklungshilfe Partner zu gewinnen.

Jemen, Oman
Die Außenseiter auf der Arabischen Halbinsel

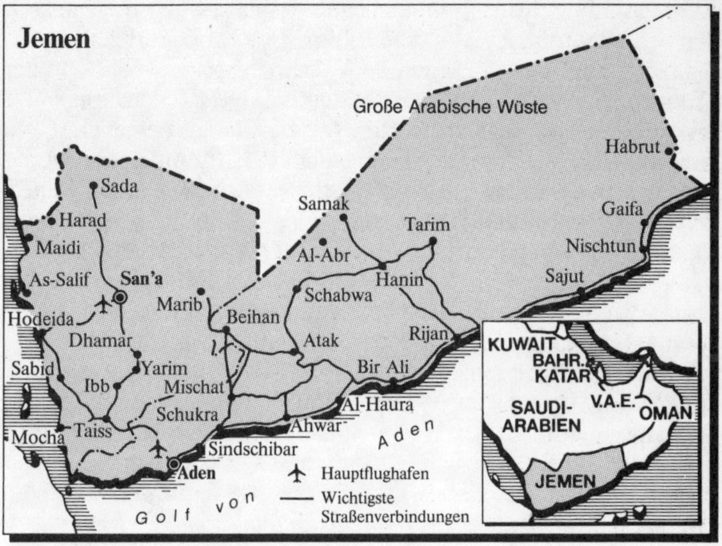

Sowohl der Jemen als auch das Sultanat Oman nehmen eine Sonderstellung unter den Staaten der arabischen Halbinsel ein. Während die übrigen Staaten zumindest Ansätze eines modernen Staatwesens zeigen, kann das ölreiche Oman ohne Einschränkung als absolute Monarchie bezeichnet werden, in dem die Religion als politischer Faktor keine Rolle spielt.

Der Jemen wiederum war bis vor kurzem in zwei Staaten geteilt, in den Nordjemen, die Arabische Republik Jemen, und den Südjemen, die Demokratische Volksrepublik Jemen. Beide Teile nahmen eine völlig unterschiedliche Entwicklung, bis sie sich am 22. Mai 1990 zur Jemenitischen Volksrepublik vereinigten. Seitdem ist der Jemen mit 527 968 Quadratkilometer der zweitgrößte Staat auf der arabischen Halbinsel. Während im Süden auch einige nicht-islamische Minderheiten leben und die übrigen Bewohner sunnitischen Bekenntnisses sind (Schafiiten), sind im Norden nur 50 Prozent der Muslime Sunniten, die anderen 50 Prozent dagegen schiitische Zaiditen. Die Zaiditen sind eine spezielle schiitische Sekte, die sich im 8. Jahrhundert um den fünften Imam Zaid Ibn Ali gesammelt hatte. In gesetzlichen Fragen stehen die Zaiditen den Sunniten näher als andere schiitische Gruppierungen.

Im Jemen hatte sich durch den Weihrauchhandel schon in der Frühzeit eine hochstehende Kultur entwickelt (Königin von Saba). Im siebten Jahrhundert wurde das bis dahin christliche und jüdische Gebiet islamisiert. Anfang des 16. Jahrhunderts geriet der Jemen formell unter die Herrschaft des Osmanischen Reiches. Doch gelang es den Türken nicht, die zaiditischen Beduinenstämme im gebirgigen Norden zu unterwerfen. 1938 eroberten schließlich die Engländer von der Küstenstadt Aden aus die angrenzenden Gebiete. Sie festigten im Laufe der nächsten Jahrzehnte ihre Herrschaft über das Gebiet des Südjemens. Es wurde zur britischen Kolonie.

Im Nordjemen gelang es dem Imam Yahya nach dem Ende des Osmanischen Reiches, einen unabhängigen Staat zu gründen. Er herrschte autokratisch und schirmte das Land vollständig gegen äußere Einflüsse ab. Zwar wurde Yahya 1948 ermordet, doch sein Sohn Imam Ahmad setzte die radikale Politik seines Vaters fort. Nach dem Tod Ahmads im September 1962 übernahm sein Sohn, Imam al-Badr, die Herrschaft. Doch nur wenige Tage später stürzte die Armee unter Führung von Oberst Abdallah al Sallal den neuen Imam. Zunächst wurde ein Revolutionsrat eingesetzt, der die Führung übernahm, mit dem Ziel einen republikanisch-demokratischen Staat zu errichten: die Arabische Republik Jemen. Der abgesetzte Imam al-Badr konnte jedoch nach Saudi-Arabien fliehen und die Beduinenstämme mobilisieren. Es begann ein siebenjähriger Bürgerkrieg zwischen den Republikanern, die von Ägypten militärisch unterstützt wurden, und den konservativen Kräften, den Anhängern des Imamats, die wiederum von Saudi-Arabien unterstützt wurden. Das progressive Ägypten Nassers und die traditionelle Monarchie Saudi-Arabien führten im Nordjemen einen Stellvertreterkrieg. Erst nach der ägyptischen Niederlage gegen Israel (1967) konnte auch im Nordjemen ein Kompromiß erarbeitet werden. Zwar blieb die Republik bestehen,

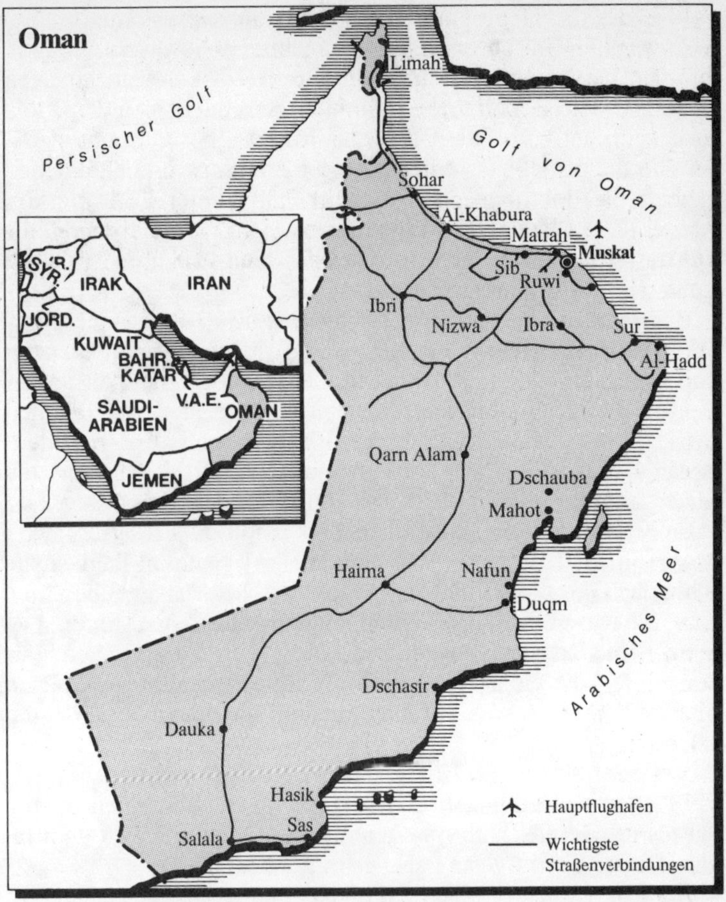

doch bestimmten die konservativen Kräfte wieder entscheidend den politischen Prozeß. Nach einem weiteren Putsch des Militärs wurde 1974 der Oberbefehlshaber der Armee Präsident. Seit 1978 war der Offizier Ali Abd Allah Salih Präsident der Republik.

Im Südjemen verlief die Entwicklung ganz anders: 1967 wurde das Land von den Briten in die Unabhängigkeit entlassen. Die Macht übernahm die jemenitische Nationale Befreiungsfront

(NLF), die die Demokratische Volksrepublik proklamierte. Die NLF war 1963 aus einer Koalition geheimer antibritischer Organisationen hervorgegangen und kämpfte von da an erbittert gegen die Kolonialherrschaft Großbritanniens. Nachdem sich die Briten zurückgezogen und die NLF die Macht übernommen hatte, wurden die gemäßigten Mitglieder der Front ausgeschaltet. Übrig blieben die doktrinär-marxistischen Kräfte unter Führung von Abd al-Fattah Ismail. Ein Einparteiensystem wurde errichtet, die Führungsrolle der Partei festgeschrieben. Seit 1978 übte Ismail die Rolle des Staatsoberhauptes aus.

Während der konservative Nordjemen ab 1970 begann, relativ erfolgreich ein System der freien Marktwirtschaft zu praktizieren und durch eine kluge Außenpolitik erhebliche Finanzhilfen aus Ost und West zu mobilisieren, setzten die Marxisten im Südjemen zunächst auf die zentral gelenkte Planwirtschaft. Erst nachdem Ismail 1980 gestürzt worden war und Ali Nasir Muhammad die Macht übernommen hatte, wurde die Wirtschaft liberalisiert. Das sozialistische System hatte nicht den erhofften Erfolg erbracht. Muhammads Nachfolger, Parteisekretär Ali Salim al-Baid, setzte schließlich die Liberalisierungspolitik fort. Im Mai 1990 beschloß dann die Parteiführung, ein Mehrparteiensystem einzuführen. Der Sozialismus als staatstragende Ideologie wurde aufgegeben: Für den Süden die einzige Möglichkeit, die wirtschaftliche Krise zu überwinden. Der Weg zur Vereinigung mit dem Norden stand offen.

Seit dem Abzug der Briten gab es bereits Bemühungen, beide Teilstaaten zu vereinigen. Doch beide Seiten bestanden darauf, jeweils ihr Gesellschaftssystem auf den anderen Staat zu übertragen. Dieser Schritt gelang also erst 23 Jahre später.

Zur Lösung aller Probleme der Vereinigung wurde ein Zeitraum von zweieinhalb Jahren festgesetzt. Bisher wurden ein gemeinsamer fünfköpfiger Präsidialrat und ein 45-köpfiger Konsultativrat gebildet sowie ein gemeinsames Komitee, das die beiden aufgelösten Sicherheitsdienste ersetzt. Der Präsident des ehemaligen Nordjemen, Ali Abd Allah Salih, wurde zum Präsidenten der neuen jemenitischen Republik gewählt und der Generalsekretär der südjemenitischen Sozialistischen Partei, Ali Salim al-Baid, zum Vizepräsidenten. Nach Ablauf der Übergangszeit sollen

Parlamentsneuwahlen mit mehreren Parteien stattfinden. Das islamische Recht, die Scharia, wurde Grundlage der Gesetzgebung. Die Stammeskonflikte werden im Rahmen eines Allgemeinen Volkskongresses gelöst.

Wie sich die Vereinigung ökonomisch auswirken wird, kann noch nicht mit Sicherheit vorausgesagt werden. Während das Bruttosozialprodukt im Norden zuletzt bei über 2000 Dollar pro Einwohner lag, brachte es Südjemen nur auf rund 400 Dollar. Andererseits wurden aber im Südjemen in den letzten Jahren beträchtliche Rohstoffvorkommen entdeckt. Zudem hat der Süden, mit drei gegenüber 1,5 Milliarden Barrel im Norden, größere Ölvorräte aufzuweisen. An der ehemaligen Grenze wurden weitere Ölfelder entdeckt. Während der Nordjemen in seiner Außenpolitk bereits seit vielen Jahren für sein geschicktes Ausbalancieren westlicher, östlicher und arabischer Interessen bekannt war, blieben die Außenbeziehungen des Südens eher einseitig auf die sozialistischen ›Bruderstaaten‹ beschränkt. Nach der Vereinigung wird aber der ehemalige Südjemen - aller Vorausicht nach - ebenfalls vom guten Verhältnis des Nordens zur westlichen Staatenwelt profitieren.

Wie im Jemen spielen auch im bevölkerungsarmen Oman (2 Millionen Einwohner auf 212 457 km^2) Stammesstrukturen bis heute eine relativ bedeutende Rolle. Etwa seit dem 2. Jahrhundert n. Chr. sind Stämme aus dem jemenitischen Hochland und Zentralarabien eingewandert. Im Rahmen der Islamisierung hat sich dort die Form des Ibadismus herausgebildet. Noch heute sind 70 Prozent der omanischen Muslime Ibaditen und nur 25 Prozent Sunniten. Der Lehre des Ibadismus entsprechend wählten die Stämme aus ihren Reihen einen Imam auf Lebenszeit, der die politischen, religiösen und ökonomischen Interessen der verschiedenen Stämme vereinte. Das Imamat ging in der Folgezeit auf verschiedene Dynastien über. Ab dem 16. Jahrhundert kontrollierten die Portugiesen die omanische Küste. Mitte des 17. Jahrhunderts konnten die Portugiesen wieder vertrieben werden. Das Land entwickelte sich zur bedeutendsten Handelsmacht im Indischen Ozean. Innenpolitisch kam es zu heftigen Auseinandersetzungen zwischen den Stämmen um die Besetzung des Imamats. 1749 ging das Imamat an den Stamm der Al Busaid, deren

Dynastie bis heute den Herrscher stellt. Allerdings wurde um 1800 aufgrund von Nachfolgekämpfen die Herrschaft aufgeteilt in ein geistliches Imamat mit Sitz im Landesinneren und ein weltliches Sultanat mit Sitz in Muskat an der Küste.

Ab 1860 geriet Oman zunehmend in ökonomische und politische Abhängigkeit der Briten, die schließlich Oman in zwei unabhängige Staaten, nämlich das reiche Sultanat Sansibar und das arme Sultanat Oman/Muskat aufteilten. Derweilen gingen die Auseinandersetzungen zwischen dem Imam und dem Sultan weiter. Da im Landesinneren Erdölexplorationsgebiete lagen, deren Nutzung der Sultan gegen den Willen des Imam an britische Firmen übertragen hatte, unterstützten die Briten den Sultan 1959 in einem Krieg gegen den Imam. Das Imamat wurde aufgelöst, der Imam floh nach Saudi-Arabien. Der Sultan von Muskat, seit 1930 Said bin Taimur al Busaid, konnte seine Herrschaft erstmals über das gesamte Gebiet des heutigen Omans ausdehnen und sichern.

Obwohl Oman seit 1967 Erdöl fördert, regierte der Sultan autokratisch, isolierte das Land gegen jeglichen Einfluß von außen, unterband jede Neuerung und beharrte bewußt auf vorindustrielle, archaische Wirtschaftsmethoden. Als der Sultan 1970 mit Billigung der Briten gestürzt wurde, zählte Oman trotz der Öleinnahmen zu den rückständigsten Ländern der Erde. Rund 95 Prozent der Omaner waren Analphabeten, es gab keine Überlandstraßen und kaum Krankenhäuser. Innerhalb von zwanzig Jahren holte Taimurs Nachfolger, sein Sohn Sultan Qaboos bin Said Al Busaid, die Entwicklung nach: Eine moderne technische und soziale Infrastruktur wurde aufgebaut, private Investitionen gefördert und staatliche Industrie angesiedelt. Je zwei internationale Flug- und Seehäfen wurden errichtet.

Obwohl nach wie vor 80 Prozent der Bevölkerung Omans auf dem Land leben, sind nur noch weniger als ein Drittel der Männer in der Landwirtschaft beschäftigt. Die übrigen sind Pendler und arbeiten in den Städten. Nach dem Ölpreisverfall 1986 kümmerte sich die Regierung verstärkt um den Aufbau einer ölunabhängigen Industrie, zumal die Reserven Omans nicht überwältigend sind. Politisch gesehen ist die Macht Sultan Qaboos absolut: Alle Gewalt geht vom Sultan aus. Die Regierunsgeschäfte erledigt unter dem Vorsitz des Sultans ein Ministerrat, bestehend aus den

(dpa)

Das ärmste Land im Nahen Osten: Der Jemen.

Ministern (25) und persönlichen Beratern. Zudem gibt es ein dem Sultan nahestehendes Sonderministerium, das in der Regel die Gesetze und Verordnungen vorlegt, die der Sultan unterzeichnet. Sultan Qaboos Politik zielt darauf, die traditionellen Stammesbindungen zugunsten eines omanischen Nationalbewußtseins zurückzudrängen, indem er sich ihre Loyalität durch Geld-, Sach- und Landgeschenke zu erkaufen sucht. Mitglieder der wichtigsten Stämme wurden mit Ministerposten betraut und 1981 hat man auf

Geheiß des Sultans eine beratende Staatsversammlung gegründet. Die vom Sultan ernannten Mitglieder sind Vertreter der Regierung, der Landesteile bzw. der Stämme und der Wirtschaft. Wirkliche Entscheidungsbefugnis hat aber auch die Staatsversammlung nicht.

Außenpolitisch pflegt der Sultan ein gutes Verhältnis zu Westeuropa und den USA, sowohl in politischer als auch in ökonomischer Hinsicht. Insgesamt unterhält der Oman diplomatische Beziehungen zu über 90 Ländern, während es vor 1970 nicht mehr als drei waren. Im Mai 1990 trafen Oman und Saudi-Arabien eine Vereinbarung über den beiderseitigen Grenzverlauf, der über Jahrzehnte hinweg als umstritten galt.

IRAN
Die Mullahs werden leiser

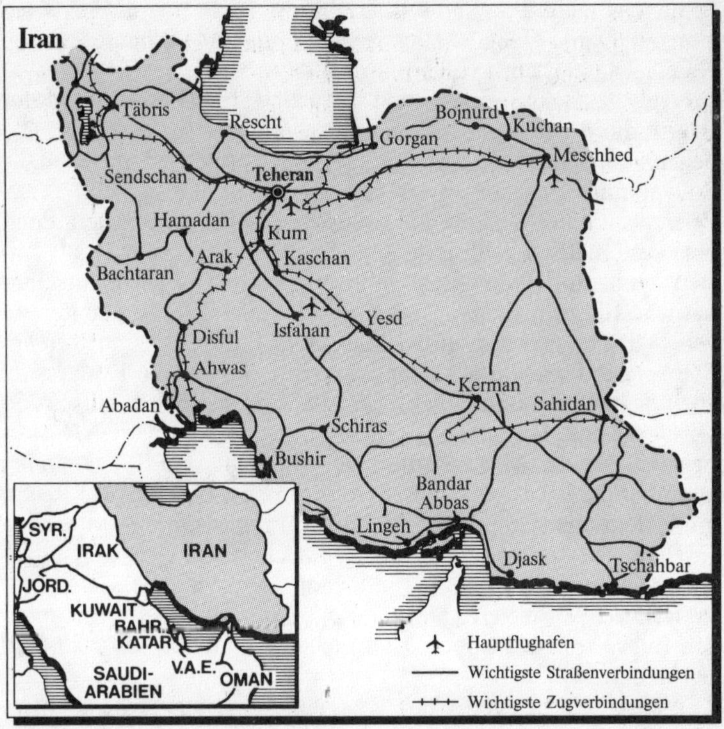

Der Iran, das frühere Persien, ist eines der ältesten Kulturländer der Welt. Bereits 5000 Jahre v. Chr. siedelten hier indoeuropäische Völker. Herodot nannte diese Volksstämme Arier, wobei er wiederum zwei Gruppen unterschied: die Meder und die Perser. Der spätere Landesname ›Iran‹ bedeutet im übrigen nichts anderes als ›Land der Arier‹. Aufgrund seiner geographischen Lage war Persien von je her Bindeglied und Schnittstelle zwischen unterschiedlichen Kulturen. Erst zu Beginn des 16. Jahrhunderts gelang es dem Führer des religiös-militanten

Ordens der Safawiden, sich zum Alleinherrscher in Persien zu machen. Schah Ismail I. (1502–1524) legte damals weitgehend die Grenzen des heutigen Irans fest und gilt deswegen als Schöpfer des iranischen Nationalstaates. Zugleich führte er gewaltsam die Schia, das heißt die schiitische Richtung des Islam, als Staatsreligion ein. Damit grenzte er Persien eindeutig und bis heute von den Nachbarstaaten und -völkern ab.

Nach dem Zusammenbruch der Safawiden-Dynastie und der Begründung der sogenannten Qadscharen-Dynastie (1796–1925) begann der Kampf mit den europäischen Kolonialmächten um die Souveränität Persiens. Zwar gelang es den Großmächten nie, Persien zu einer Kolonie im politischen Sinne zu machen, doch eine systematisch geförderte Anleihepolitik führte dazu, daß Persien schon zu Beginn des 20. Jahrhunderts hoffnungslos verschuldet war. Bis zum Ersten Weltkrieg befanden sich fast alle lukrativen Wirtschaftszweige in der Hand von Europäern und Russen. Die Engländer erwarben über Jahrzehnte hinaus die Konzession zur Erschließung und Nutzung großer Teile der persischen Erdölvorräte (Anglo-Persian Oil Company), zusammen mit den Russen besaßen sie die Minen-Monopole. Teppich- und Tabakhandel, Eisenbahnkonzessionen, Fischereirechte, gar das alleinige Recht, archäologische Grabungen durchzuführen, wurden unter den Engländern, Russen, Franzosen, Deutschen und Griechen aufgeteilt. Die Finanzverwaltung unterstand 16 Amerikanern, die Zollverwaltung 28 Belgiern. Die persische Polizei wurde neben anderen Europäern von einem Österreicher, einem Schweizer und elf Schweden befehligt.

Während des Ersten Weltkrieges geriet Persien in eine katastrophale Wirtschaftslage. Es herrschten Hungersnöte. Die Provinzen Gilan und Azerbaidschan erklärten sich zu unabhängigigen Teilstaaten. Persien drohte auseinanderzubrechen. 1917 verzichtete schließlich die neue Sowjetunion auf alle Anleihen, Verträge und Konzessionen aus der zaristischen Zeit. Großbritannien versuchte dagegen, Persien den Status eines Protektorats aufzuzwingen: ohne Erfolg. 1921 machten die Engländer dann den iranischen Offizier Reza Khan zum Kriegsminister, dem es in der Folge gelang, Irans Einheit mit Waffengewalt wiederherzustellen und selbst die Macht im Staate zu übernehmen. Der letzte Herrscher der Qadscharen-Dyastie mußte das Land verlassen und Reza Khan ließ sich 1925 zum Begründer einer neuen Dynastie, der der Pahlewi erklären.

Reza Schah begann in den folgenden Jahren, angeregt durch den türkischen Präsidenten Atatürk, sein Land in einen modernen Nationalstaat nach westlichem Vorbild umzuwandeln. Er führte den Namen Iran für Persien ein. Er veranlaßte Reformen in der Wirtschaft und der Landwirtschaft, in der Justiz und im Bildungswesen. Mit Hilfe des Militärs ließ er die Nomaden entwaffnen und seßhaft machen. Er führte westliche Kleidung ein und verbot den Frauen, den traditionellen Schleier zu tragen. Alles in allem war seine Politik darauf gerichtet, Persien zu einem modernen und unabhängigen Industriestaat zu machen und die Rolle des Islams zurückzudrängen. Doch die oftmals überstürzten Reformen zerstörten jahrhundertealte Traditionen, ohne daß die Menschen Zeit fanden, sich zurechtzufinden. Der Widerstand der Geistlichkeit war vorprogrammiert, zumal die Pahlewi-Dynastie über keinerlei religiöse Legitimation verfügte, der schiitische Glaube aber eine religiöse Abkunft für die oberste Staatsführung vorschreibt. Als Reza Schah im Zweiten Weltkrieg zögerte, der Forderung Großbritanniens und der Sowjetunion nachzukommen, alle Deutschen auszuweisen, besetzten beide Länder den Iran, setzten Reza Schah ab und dessen Sohn Mohammed Reza ein.

Der neue Schah Mohammed Reza Pahlewi, dessen schöne Frau Soraya in der Welt wohl ebenso berühmt werden sollte wie er selbst, setzte die Modernisierungspolitik seines Vaters konsequent fort, allerdings wieder in starker Abhängigkeit von den Westmächten. In den Parlamentswahlen von 1950 gelang es schließlich der ›Nationalen Front‹ unter Führung Mossadeghs, erhebliche Stimmen hinzuzugewinnen. Die Nationale Front war eine Koalition verschiedener vor allem bürgerlicher und intellektueller Gruppierungen, die sich gegen den ausländischen Einfluß im Land wandte. Das Parlament konnte in der folgenden Zeit seinen Einfluß in der Politik verstärken. 1951 beschloß es schließlich die Verstaatlichung der Anglo-Iranian Oil Company und ernannte Mossadegh zum neuen Premierminister. 1953 veranlaßte Mossadegh eine Volksabstimmung, in der sich 99 Prozent aller Wähler gegen die Monarchie aussprachen. Mossadegh setzte den Schah ab, der wenig später das Land verließ. Noch im selben Jahr startete allerdings die Garde des Schahs mit Unterstützung der Amerikaner den ›Gegenangriff‹: Mossadegh wurde verhaftet und Schah Reza Pahlewi kehrte zurück.

Damit waren im Iran vorerst alle Ansätze einer politischen Reform beendet. Die Nationale Front und die anderen Oppositionsparteien wurden zerschlagen. Außenpolitisch hatte sich der Schah fest auf die Seite der Amerikaner geschlagen. Ausgestattet mit den modernsten Waffen aus dem Westen spielte der Iran von da an die Rolle des ›Gendarmen am Golf‹. In den sechziger Jahren wurden eine Reihe von Reformen auf sozialem und wirtschaftlichem Gebiet gestartet. Die Industrialisierung wurde forciert und damit die Verstädterung der iranischen Bevölkerung. Zwar führte der Schah auch eine Landreform durch, die jedoch scheiterte und noch mehr Menschen vom Land in die Städte trieb. Diese Entwicklung verstärkte sich explosionsartig, als die OPEC-Beschlüsse von 1973 dem Iran plötzlich immense Öleinnahmen bescherten, und diese Mehreinnahmen einseitig den Städten, insbesondere der Region um Teheran, zugute kam. Die Widersprüche und Ungleichgewichte in der iranischen Gesellschaft wuchsen. Hinzu kam, daß der Schah die Bedeutung der schiitischen Religion unterschätzte. Seine Regierung stand im offenen Widerspruch zu den Ansprüchen des Islam und der Geistlichkeit. Wirtschaftliche und soziale Unzufriedenheit, der wachsende Unterschied zwischen Arm und Reich, die politische Unfreiheit und Bevormundung der Bevölkerung, die lückenlose Kontrolle und brutale Unterdrückung der Opposition durch den iranischen Geheimdienst (der SAVAK) und die demonstrative Nichtbeachtung der religiösen Traditionen mündeten schließlich in die Islamische Revolution.

Da im Iran alle demokratischen Institutionen zerschlagen worden waren, konnte sich die allgemeine Unzufriedenheit letzlich nur über die Geistlichkeit artikulieren. Sie hatte sich gewisse Kanäle der kritischen Meinungsäußerung erhalten können. Hinzu kam das Charisma eines Ayatollah Khomeinis, dem es gelang, sämtliche Gegner des Schah-Regimes unter dem Mantel des Islams zu einen. Nachdem sogar die privilegierte iranische Armee dem Schah ihre Unterstützung versagte, rückten auch die Ameri-

Links: Der Neue: Ayatollah Khamenei. (dpa/AFP)
Rechts: Ali Akbar Hashemi Rafsandschani (dpa)

kaner von Schah Mohammed Reza Pahlewi ab: Das Regime brach zusammen.

Bei der Entmachtung des Schahs hofften viele Revolutionäre, endlich eine demokratische Entwicklung im Iran einleiten zu können. Sie ahnten nicht, daß Ayatollah Khomeini in kürzester Zeit einen fundamental-islamischen Gottesstaat errichten würde, eine Dikatatur der Mullahs, die der Schreckensherrschaft des Schahs in nichts nachstand. Im März 1980 proklamierte Khomeini die »Islamische Republik«, und islamisches Recht, so wie Khomeini es verstand, schloß Pluralismus, kulturelle Freiheit oder gar Oppositionsparteien von vornherein aus. Doch der Ayatollah hatte die Gabe, durch seine Reden die iranischen Volksmassen in Hysterie zu versetzen. Eine Volksabstimmung brachte dann auch den gewünschten und einzigartigen Erfolg: Über 97 Prozent der Wähler sprachen sich für die Republik aus. Die Re-Islamisierung des öffentlichen und privaten Lebens konnte von da an konsequent und mit aller Gewalt fortgesetzt werden.

Parallel zu den staatlichen Institutionen schufen die neuen Machthaber eigene Organe, die ausschließlich ihrem Befehl unterstanden. Zusätzlich zur Armee wurden sogenannte ›Revolutionswächter‹ eingesetzt. Neben der Polizei kontrollierten nun ›Revolutionskomitees‹ das gesellschaftliche Leben. Islamische ›Revolutionsgerichte‹ traten an die Stelle der zivilen Gerichtsbarkeit und in Schulen, Universitäten und Betrieben wurden ›Islamische Räte‹ installiert, die die Institutionen überwachten und von ›ungläubigen‹ Mitgliedern säuberten. Sämtliche Medien wurden der Kontrolle der Mullahs unterworfen und sollten, so die offizielle Devise, der Beseitigung der Unmoral und schädlicher Einflüsse dienen. Sittenwächter wurden auf die Straßen geschickt, um die Kleiderordnung der Frauen zu überwachen. Die Mullahs ließen Bücher verbrennen, Regimekritiker oder einfach nur unbequeme Zeitgenossen wurden als Widersacher Gottes abgestempelt und entsprechend bestraft: gesteinigt, ausgepeitscht und in den Gefängnissen gefoltert. Kaum hatten die Mullahs ihre Macht gefestigt, wurde das Land von einer regelrechten Hinrichtungswelle überzogen.

Die totalitäre Theokratie wurde unmittelbar nach der Machtübernahme durch eine Verfassung verankert, die als Kernstück die ›Herrschaft des Gottesgelehrten‹ festlegte. Während der Abwesenheit des 12. Imam, hieß es dort in Artikel 5, sollte derjenige islamische Rechtsgelehrte die Führung der Gemeinschaft übernehmen, den man möglichst gemeinsam für den frömmsten, gerechtesten und gelehrtesten unter allen Rechtsgelehrten hielt. Dieser islamische Führer sollte aber nicht nur für die religiösen Belange zuständig sein, sondern gleichsam als oberste Instanz über dem gesamten politischen System thronen. Ansonsten gestaltete man die Staatsform als eine Präsidialdemokratie mit einem gewählten Parlament, einem starken Präsidenten, einem Kabinett und damals noch einem Ministerpräsidenten. Dem islamischen Führer wurden vielfältige Möglichkeiten gesichert, in den politischen Entscheidungsprozeß einzugreifen.

Als es aber darum ging, einen Nachfolger Ayatollah Khomeinis zu finden, wurde die Regelung neu überdacht. Ayatollah Khomeini hatte seinen designierten Nachfolger Ayatollah Montazeri nach längeren Differenzen im März 1989 zum Rücktritt gezwungen und favorisierte stattdessen den damaligen Staatspräsidenten Khamenei. Khamenei konnte jedoch von Anerkennung und Ansehen her den hohen Ansprüchen an einen islamischen Führer nicht gerecht werden. Also mußte die Verfassung geändert werden. Für diesen Zweck setzte Ayatollah Khomeini eine Expertenkommission ein. Doch er starb (3. Juni 1989), noch bevor die Änderungen verabschiedet werden konnten. Um in der Welt nicht den Eindruck von Führungslosigkeit zu erwecken, wählte die Expertenkommission Khamenei kurzerhand selbst zum Nachfolger, der von da an Ayatollah genannt wurde. Was zu diesem Zeitpunkt noch ein Verfassungsbruch war, wurde im Juli 1989 per Verfassungsänderung legalisiert. Nicht mehr das Volk, sondern ein Expertenrat wird in Zukunft den islamischen Führer bestimmen. Die Beteiligung des Volkes wird auf die Wahl des Expertenrates reduziert. Eine weitere wichtige Änderung ist die Verankerung des sogenannten ›Rats zur Feststellung des Interesses des Systems‹ in

(dpa/AFP)

Iranische Frauen trauern um den verstorbenen Ayatollah Khomeini.

die Verfassung, mit dem sich der islamische Führer künftig vor wichtigen Entscheidungen beraten muß.

Darüber hinaus wurde nach heftigen internen Diskussionen das Amt des Ministerpräsidenten abgeschafft, da es in der Vergangenheit immer wieder zu Machtstreitigkeiten zwischen dem Präsidenten und dem Ministerpräsidenten gekommen war. Der Präsident, derzeit Hashemi Rafsandschani, hält nun die konzentrierte Macht der Exekutive in Händen. Die Verfassungsänderung hat tendentiell zu einer Schwächung der Position des islamischen Führers und zu einer Stärkung des (weltlichen) Präsidentenamtes geführt.

Was die ökonomische Entwicklung des Iran betrifft, so hat die Revolution und die darauf einsetzende dirigistische und unflexible Wirtschaftspolitik der Mullahs das soziale und ökonomische Elend im Land weiter verschärft. Die selbstgewählte regionale und internationale Isolation und vor allem der achtjährige Krieg mit dem Irak haben die Wirtschaft fast völlig ruiniert. Noch vor Khomeinis Tod gab es allerdings wieder erste wirtschaftliche Kontakte mit Westeuropa und Japan. Durch stille Diplomatie versucht Hashemi Rafsandschani die Isolation Irans zu brechen, während er zu Hause in seinen öffentlichen Statements scheinbar Khomeinis Weltsicht weiter vertritt. Nachdem Iran im Oktober 1990 wieder volle diplomatische Beziehungen zu Irak aufgenommen hat, bemühte sich Rafsandschani im Golfkrieg sogar um Vermittlung. Dadurch dürfte der Wiedereintritt Irans in die internationale Staatengemeinschaft beflügelt werden. Der fundamentalistische ›Funke‹ ist nicht, wie befürchtet, auf die anderen Staaten der Region übergesprungen. Die geringen wirtschaftlichen und sozialen Erfolge und die politische und kulturelle Unterdrückung haben viele desillusioniert. Dennoch behält der islamische Fundamentalismus überall dort seinen Reiz, wo Muslime unzufrieden einer feindlich gesinnten Umwelt gegenüberstehen.

Rechts: Krieg ohne Entscheidung: Irakische Soldaten bewachen iranische Kriegsgefangene, die auf ihren Abtransport warten.

Die Chronik des Irak-Iran-Krieges

Juni–Aug.1980: Erste Zusammenstöße an der irakisch-iranischen Grenze.
22. Sept. 1980: Irakische Streitkräfte marschieren im Iran ein.
Sept. 1981: Die iranische Gegenoffensive beginnt.
Nov. 1981: Saddam Hussein bietet erfolglos einen Waffenstillstand an.
Juni 1982: Alle irakischen Truppen können von iranischem Boden verdrängt werden.
Juli 1982: Iranische Truppen überschreiten die Grenze zum Irak.
März 1984: Beginn des Tankerkriegs durch den Irak.
Juni 1984: Beginn des Städtekriegs durch den Irak.
Feb.–Mai 1986: Zermürbende Gefechte ohne Entscheidung.
Mai 1978: Die Vereinten Nationen weisen dem Irak den Gebrauch von Giftgas nach.
Juni 1987 : Verabschiedung der UN-Resolution 598.
Sept. 1987: Der Generalsekretär der UNO vermittelt in Teheran.
Juli 1988: Der iranische Präsident Khamenei verkündet die bedingungslose Annahme der UN-Resolution 598.
20. Aug. 1988: Der Waffenstillstand tritt in Kraft, UN-Friedenstruppen kontrollieren seine Einhaltung.

(dpa/UPI)

Die Beendigung des irakisch-iranischen Krieges

Resolution 598 (1987) des Weltsicherheitsrates der Vereinten Nationen vom 20. Juli 1987 (Auszug)

Der Weltsicherheitsrat, (. . .)

1. *fordert, daß Iran und Irak in einem ersten Schritt zu einer Verhandlungslösung das Feuer sofort einstellen, alle militärischen Operationen zu Lande, See und in der Luft beenden und unverzüglich alle Streitkräfte auf die international anerkannten Grenzen zurückziehen,*
2. *ersucht den Generalsekretär um die Entsendung eines Beobachterteams der Vereinten Nationen zur Nachprüfung, Bestätigung und Überwachung des Waffenstillstandes und Rückzugs und fordert den Generalsekretär ferner auf, in Konsultationen mit den Parteien die erforderlichen Maßnahmen zu treffen und dem Sicherheitsrat darüber Bericht zu erstatten,*
3. *dringt darauf, daß Kriegsgefangenen nach der Beendigung der Feindseligkeiten und in Übereinstimmung mit der Dritten Genfer Konvention vom 12. August 1949 unverzüglich freigelassen und repatriiert werden,*
4. *ruft Iran und Irak dazu auf, mit dem Generalsekretär bei der Verwirklichung dieser Resolution und bei der Vermittllung von Bemühungen zur Erzielung einer umfassenden, gerechten und ehrenhaften, für beide Seiten annehmbaren Regelung aller offenen Fragen in Übereinstimmung mit den in der Charta der Vereinten Nationen enthaltenen Grundsätze zusammenzuarbeiten,*
5. *fordert alle Staaten auf, größte Zurückhaltung zu üben und sich jeder Handlung zu enthalten, die zu einer weiteren Verschärfung und Ausweitung des Konfliktes führen könnte, und auf diese Weise die Verwirklichung der jetzigen Entschließung zu erleichtern,*
6. *fordert den Generalsekretär auf, in Konsultationen mit Iran und Irak die Frage zu prüfen, ob ein unparteiisches Gremium mit der Untersuchung der Verantwortung für den Konflikt zu beauftragen ist, und dem Sicherheitsrat sobald wie möglich Bericht zu erstatten,*
7. *ist sich der Höhe des Schadens bewußt, der während des Konfliktes entstanden ist, sowie der Notwendigkeit von Aussöhnungsbemühungen mit angemessener internationaler Unterstützung nach Beendigung des Konfliktes, und ersucht in dieser Hinsicht den Generalsekretär, ein Expertenteam mit der Prüfung der Frage eines Wiederaufbaus zu beauftragen und dem Sicherheitsrat Bericht zu erstatten,*
8. *fordert den Generalsekretär ferner auf, in Konsultationen mit Iran und Irak sowie anderen Staaten in jenem Gebiet Maßnahmen zu prüfen, die Sicherheit und Stabilität in dem Gebiet fördern,*
9. *ersucht den Generalsekretär, den Sicherheitsrat ständig über die Verwirklichung dieser Erschließung zu unterrichten, und*
10. *beschließt, notfalls erneut zusammenzutreten, um weitere Schritte zu erwägen, damit die Befolgung dieser Entschließung gewährleistet wird.*

ÄGYPTEN
Stabilisator oder Zeitbombe

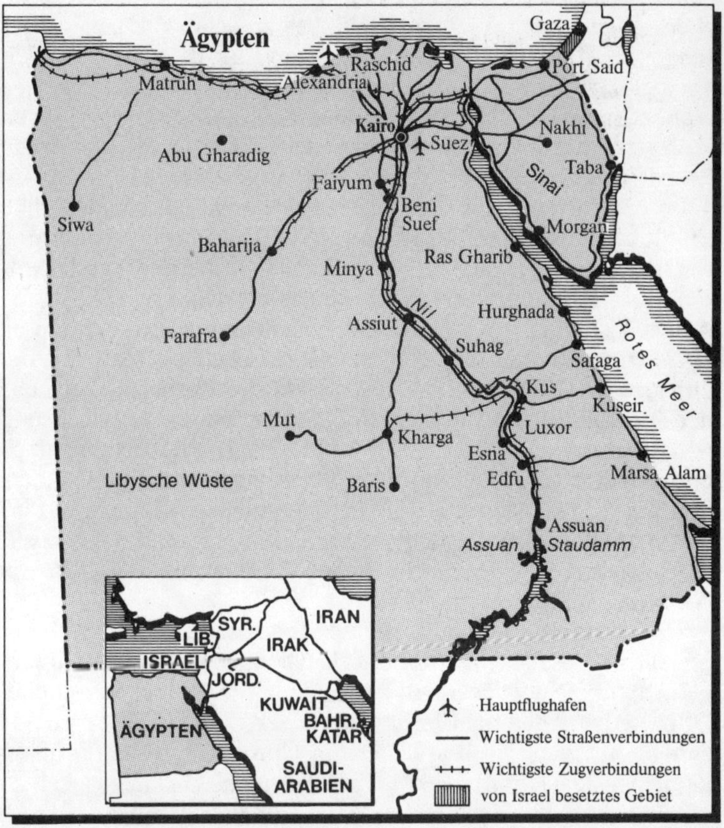

Die Pyramiden legen noch heute Zeugnis ab: Ägypten ist mit seiner über 5000 Jahre alten Geschichte eine der ältesten Kulturen der Welt. Der fruchtbare Boden des Niltals und seines Deltas hatte schon frühzeitig zur Entwicklung einer ausgeprägten Landwirtschaft geführt. Umgeben von Wüsten, nur 2,4 Prozent der über eine Million Quadratkilometer Staatsfläche ist landwirtschaftlich nutzbar, konzentrierte sich die Besiedelung Ägyptens auf dieses Gebiet. Die Bevölkerung war seßhaft und ethnisch wie sprachlich weitgehend homogen. Die starke Abhängigkeit vom Nil, aber auch die Notwendigkeit, sich gemeinsam vor den jährlichen Überschwemmungen des Flußes zu schützen, begünstigte schon in frühester Vergangenheit den Aufbau einer zentralen Verwaltung und Herrschaft. Trotz seiner schon in antiken Zeiten großen Einwohnerzahl, seiner hohen Kultur und seines relativen Wohlstandes konnte sich Ägypten nicht dauerhaft gegen fremde Eroberer wehren.

Im 6. Jahrhundert v. Chr. begann eine 2500 Jahre andauernde Fremdherrschaft durch die Perser, Griechen, Römer, Araber und Osmanen. Seit der arabisch-islamischen Eroberung durch Amr Ibn al As im 7. Jahrhundert wurde das bis dahin rein christliche Ägypten islamisch. Der Einmarsch Napoleon Bonapartes im Jahre 1798 konfrontierte die ägyptische Gesellschaft erstmals mit der überlegenen Technik und Organisation der Europäer. Versuche der ägyptischen Machthaber, eine eigenständige Wirtschaftsentwicklung nach europäischem Vorbild einzuleiten, blieben jedoch erfolglos. Im Gegenteil: der forcierte Ausbau von Eisenbahnen, Straßen, Kanalsystemen und Staudämmen, gekrönt vom 1869 eröffneten Suezkanal, brachte das Land in eine starke finanzielle Abhängigkeit von den europäischen Geldgebern und 1875 war Ägypten bankrott.

Das Land wurde unter englisch-französische Finanzaufsicht gestellt und die ägyptischen Suezkanal-Aktien mußten Großbritannien übereignet werden. Nach einem Aufstand ägyptischer Offiziere besetzten die Engländer das Land und erklärten es 1914 zum Protektorat. Nach anhaltenden Unruhen sah sich Großbritannien 1922 allerdings gezwungen, Ägyptens Unabhängigkeit zu proklamieren: die Geburtsstunde des Königreichs Ägypten. Doch die Unabhängigkeit war nur formal. Weiterhin unterstanden wichtige Aufgaben, wie die Sicherung des Suezkanals oder die Landesverteidigung den Engländern. Die unerwünschte Präsenz der Briten, tiefe wirtschaftliche und soziale Mißstände und die von Korruption und Mißwirtschaft geprägte Politk des damaligen Königs Faruk mündeten schließlich 1952 in einen Staatsstreich der Streitkräfte unter Leitung von Oberst Gamal Abdel Nasser.

Noch im selben Jahr führten Nasser und seine Bewegung der ›Freien Offiziere‹ eine Landreform durch, die die Großgrundbesitzer entmachtete. Die Offiziere beabsichtigten, einen Prozeß interner wirtschaftlicher Entwicklung in Gang setzen zu können, doch die erhofften Kapitalhilfen aus dem westlichen Ausland blieben aus. In der Folge wurde das Modell des Arabischen Sozialismus proklamiert. Ziel war nun der Aufbau einer vom Ausland unabhängigen Industrie, gekoppelt mit egalitären sozialpolitischen Zielen: Wohlstand für alle durch Garantien für Mindestlöhne und Beschäftigung sowie die Subventionierung von Grundnahrungsmitteln. Die wichtigsten Industriezweige und Banken wurden zwar verstaatlicht, doch im Kleinhandel, in der Landwirtschaft und im Handwerk blieb das Privateigentum erhalten. Allmählich wurden rivalisierende Gruppierungen ausgeschaltet, die bestehenden Parteien verboten und schließlich die ›Arabische Sozialistische Union‹ als Einheitspartei etabliert. Außenpolitisch verfolgte Nasser einen anti-imperialistischen, anti-zionistischen und anti-royalistischen Kurs, was zu einer Annäherung an die sozialistischen Staaten führte. Er entzweite sich dadurch mit den Westmächten und den traditionellen Monarchien in der Region, wurde aber andererseits zum Vorbild für alle progressiven, linken und nationalistischen Bewegungen in der arabischen Welt.

1954 erreichte Nasser durch einen Vertrag den Abzug der Briten aus Ägypten, 1956 verstaatlichte er den Suezkanal, was zum Suez-Krieg führte. Im selben Jahr ließ Gamal Abdel Nasser durch ein Plebiszit eine neue Verfassung bestätigen und sich gleichzeitig mit 99,9 Prozent der Stimmen zum Präsidenten wählen. Gemäß dem von Nasser propagierten Panarabismus, der die Schaffung einer einheitlichen arabischen Nation zum Ziel hatte, vereinigte sich Ägypten 1958 mit Syrien zur ›Vereinigten Arabischen Republik‹. Ein Staatsstreich in Syrien führte jedoch bereits 1961 wieder zur Abspaltung Syriens von Ägypten. Ab 1962 unterstützten ägyptische Truppen die Republikaner im jemenitischen Bürgerkrieg, jedoch ohne Erfolg. Nach der vernichtenden Niederlage Ägyptens im Sechs-Tage-Krieg gegen Israel im Jahre 1967, in dem Ägypten den Sinai verlor, rückte das Regime von seiner radikalen Politik ab.

Eine vorsichtige Wende wurde vollzogen, die nach dem Tod Nassers 1970 in der sogenannten Korrekturrevolution des neuen

Präsidenten Sadat mündete. Präsident Sadat wies die in Ägypten stationierten sowjetischen Truppen und Berater aus und begann mit der schrittweisen Liberalisierung der Wirtschaft und des politischen Systems. Zwar wurde in der 1971 per Volksabstimmung verabschiedeten neuen Verfassung formal an der sozialistischen Wirtschafts- und Gesellschaftsordnung festgehalten, doch war man in der Praxis bemüht, den privatwirtschaftlichen Sektor zu stärken und günstige Bedingungen für ausländische Investoren zu schaffen. Die bürgerlichen Freiheitsrechte wurden in den folgenden Jahren erheblich erweitert; politische Parteien wurden wieder zugelassen und die Einheitspartei Nassers aufgelöst. Die wirtschaftliche Öffnung Ägyptens und der Bedarf an westlichem Kapital bedingte auch die politische Kooperation mit den westlichen Industriestaaten.

Es begann die Zeit der engen Anlehnung an die USA und 1976 kündigte Präsident Sadat den Freundschaftsvertrag mit der Sowjetunion auf. Eng damit verbunden war auch die von Sadat eingeleitete Friedenspolitk gegenüber Israel unter amerikanischer Vermittlung. Ohne, wie von den arabischen Staaten gefordert, die Palästinenserfrage mit einzubeziehen, schloß Ägypten 1979 nach der Unterzeichnung des Camp-David-Rahmenabkommens einen Friedensvertrag mit Israel. Für die arabischen Staaten bedeutete dies nichts anderes als Verrat. Ägypten, das unter Nasser, aber auch noch in den ersten Jahren der Regierung Sadat, eine anerkannte Führungsrolle in der Region eingenommen hatte, wurde aus sämtlichen arabischen Organisationen ausgeschlossen, der Sitz der Arabischen Liga von Kairo nach Tunis verlegt. Syrien, der Irak, Libyen, der Südjemen und die PLO gründeten eine ›Front der Standfestigkeit‹ und verhängten ein Wirtschaftsembargo gegen Ägypten, dem sich notgedrungen auch die pro-westlichen arabischen Staaten, wie Saudi-Arabien, Jordanien oder die Vereinigten Arabischen Emirate anschließen mußten.

Aber auch innerhalb des Landes wuchs die politische und soziale Unzufriedenheit, bis Präsident Sadat im Oktober 1980 von einem muslimischen Fanatiker ermordert wurde. Sein Nachfolger und jetziger Präsident Hosni el Mubarak bemühte sich bislang um Ausgleich. Ohne die Kooperation mit den USA zu unterbrechen – bis heute erhält das Land bedeutende Wirtschafts- und Militärhil-

(dpa/Kemmether)

Ägypten vermittelte vergeblich:
Staatspräsident Hosni Mubarak.

fen aus den USA - und ohne die Friedenspolitik gegenüber Israel zu gefährden, versucht Mubarak eine schrittweise Normalisierung der Beziehungen zu den arabisch-islamischen Nachbarstaaten, aber auch zur Sowjetunion. Mubarak betont die Rolle Ägyptens als Mittler zwischen den arabischen Staaten auf der einen und den USA sowie Israel auf der anderen Seite. ›Zu Hilfe‹ kam ihm zunächst die fundamentalistische Revolution im Iran: Sie bedrohte westliche wie arabische Interessen gleichermaßen. Im irakisch-iranischen Krieg unterstützte Ägypten den Irak und belieferte ihn mit Rüstungsgütern in Höhe von mehreren Milliarden Mark, was die Position Ägyptens in der arabischen Welt erheblich verbesserte. Die anti-ägyptische Front bröckelte.

Doch ausgerechnet der Irak stellt das neugewonnene Ansehen Ägyptens nun wieder in Frage. Ägypten an der Seite der USA im Krieg gegen einen arabischen Bruderstaat: Für viele Araber auch im eigenen Land ein weiterer Verrat an den arabisch-islamischen

Interessen. Die Mittler-Rolle gerät erneut zur Gratwanderung. Zwar ist Ägypten inzwischen das freiheitlichste Land unter den arabischen Staaten im Nahen Osten, doch von einer Demokratie ist es noch weit entfernt. Die dominante Stellung des Präsidenten bzw. der Regierungspartei ist unangefochten. Durch Notstandsgesetze kann der Präsident seine Vollmachten erheblich ausdehnen. Da es kein Wahlfinanzierungsgesetz gibt, haben die oppositionellen Parteien weit schlechtere Ausgangsbedingungen als die Regierungspartei, die sogenannte »Nationaldemokratische Partei«. Aus diesen Gründen boykottierten die ägyptischen Oppositionsparteien die letzten Parlamentswahlen im November 1990.

Trotz der massiven Hilfe aus dem Ausland - allein die USA pumpen jährlich mehr als 2,1 Milliarden Dollar in das Land - steckt Ägypten seit 1985 in einer tiefen Rezession. Mit etwa fünfzig Milliarden Dollar Auslandsschulden steht Ägypten an vorderster Front der Schuldnernationen der Dritten Welt. Das Haushaltsdefizit übersteigt inzwischen jährlich die Zwei-Milliarden-Dollar-Grenze, die Betriebe arbeiten meist weit unter ihrer Kapazität, weil das Geld für Rohstoffe und Ersatzteile fehlt. Die Arbeitslosigkeit wird auf zwanzig Prozent geschätzt, eine Situation, die durch die Rückkehr von inzwischen 200 000 ägyptischen Arbeitern aus Kuwait und anderen Golfstaaten noch verschärft wird. Die explosionsartig wachsende Bevölkerung Ägyptens kann bei weitem nicht mehr durch die einheimische Landwirtschaft versorgt werden. Ägypten ist schon jetzt zu 65 Prozent auf Lebensmittelimporte angewiesen. Verhandlungen mit dem Internationalen Währungsfond über eine Umschuldung blieben bislang erfolglos.

Aus Angst vor Aufruhr in der Bevölkerung sträubt sich die ägyptische Regierung gegen notwendige Reformen, wie zum Beispiel die Kürzung von Lebensmittelsubventionen. Zwar kann die ägyptische Regierung im Erdölsektor Mehreinnahmen erwarten - das Land exportiert derzeit rund 500 000 Barrel am Tag –, auch werden im Zuge des Golfkrieges verstärkt Hilfsgelder aus dem Westen ins Land fließen, doch ein möglicher Zusammenbruch wird so allenfalls aufgeschoben. Der Ausgang des Golfkrieges kann jedoch die Regierung Mubarak zumindest vorübergehend sichern.

SYRIEN
Auf der Suche nach Geldgebern

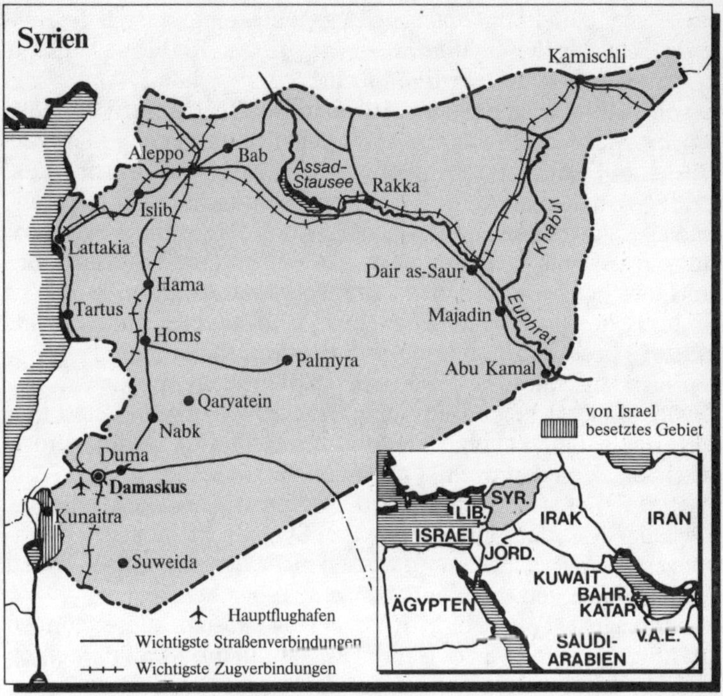

Die Geschichte Syriens ist gekennzeichnet von sich abwechselnden abendländisch-mediterranen und asiatisch-orientalischen Einflüssen. Eroberte zunächst die Armee Alexanders des Großen das Gebiet und brachte damit griechisch-römisches Gedankengut ins Land, so sorgte der Sieg des Islams im Jahre 634 n. Chr. für eine wesentliche Verschiebung: Unter der Dynastie der Omaiyaden wurde Damaskus Hauptstadt und religiöses Zentrum der islamischen Welt. Im Jahre 750 erhoben aber die Abbasiden Bagdad zur Hauptstadt. Syrien selbst verlor an Bedeutung, der persisch-orientalische Einfluß verdrängte Westliches nahezu vollständig. Zur Zeit des Osmanischen Reiches blieb Syrien eigene Provinz.

Inspiriert durch die Revolution der Jungtürken zu Beginn des 20. Jahrhunderts entstand in Syrien eine nationale arabische Bewegung, die ein unabhängiges Reich anstrebte. Für ihren Entschluß, auf Seiten der Briten gegen die Türken und das Deutsche Reich in den Krieg einzutreten, erhofften sich die Araber als Gegenleistung entsprechende Hilfe von der Regierung in London. Am 20. März 1920 riefen sie Faisal, den Sohn des Sherifen von Mekka, in Damaskus zum König eines freien Araberreiches aus. Im Rahmen des schon 1916 zwischen Frankreich und Großbritannien abgeschlossenen Sykes-Picot-Abkommens war das Schicksal indes längst entschieden worden: Syrien, zu dem Teile des Libanons, des heutigen Jordaniens und Palästinas gehörten, wurde in ein britisches und ein französisches Mandatsgebiet aufgeteilt. Im Juli 1920 besetzten französische Truppen Damaskus und vertrieben den frischgekürten Monarchen. Um den Protest in der Bevölkerung zu begrenzen, teilten sie jeder der ethnischen und religiösen Minderheiten ein autonomes Gebiet zu. Damit wurden durch die Kolonialmacht Frankreich die Weichen für die Vormachtstellung der Christen und Drusen im heutigen Libanon sowie der Alawiten und Sunniten im Syrien seiner jetzigen Grenzen gestellt. Es gelang den Franzosen nicht, den sich fortsetzenden Widerstand gegen die Mandatsmacht zu brechen.

Im August 1943 wurde nach langen Auseinandersetzungen Shukri al-Quwatli von der Nationalversammlung zum Präsidenten gewählt. Große Teile der Verwaltung gingen ein Jahr später in syrische Hände über. Noch im gleichen Jahr erkannten die Sowjetunion und die USA Syrien als eigenständigen Staat an. Erst am 17. April 1946, nachdem die letzten französischen Truppen das Land verlassen hatten, erlangte Syrien jedoch seine endgültige Unabhängigkeit.

Die linken Parteien profitierten durch die von der Politik der Kolonialmächte provozierte anti-westliche Stimmung in der Bevölkerung. Am 8. August 1963 konnte dann die arabische sozialistische Baath-Partei die Macht übernehmen. Die Baath-Partei wurde bereits 1947 von Michel Aflaq gegründet. Kern ihrer Ideologie ist der arabische Nationalismus, wichtigstes Ziel die

Einheit der arabischen Welt. Nach den Vorstellungen Aflaqs, der in Frankreich studiert hatte, sollte als Vorbedingung für die Wiedergeburt (arabisch: Baath), die von den Kolonialmächten aufgezwungene Spaltung überwunden werden. Denn nur die Überwindung der Teilung eröffne die Chance auf Unabhängigkeit und wirtschaftliche Entwicklung. Gemäß ihres Programms vertritt die Partei ein humanistisches Weltbild. Die Freiheit des Einzelnen ebenso wie die Freiheit der arabischen Nation anzustreben, ist offizielle Leitlinie ihrer Politik. Ganz anders sahen ihre ersten praktischen Schritte aus: Sie schaffte das parlamentarische System ab. Parteien wurden verboten. Als oberstes politisches Organ fungierte der Revolutionsrat. Die eigentliche Macht aber ging von einem geheimen Gremium baathistischer Offiziere aus, von dessen Existenz nur wenige wußten.

In einem weiteren Putsch übernahm der radikale Flügel der Partei im Februar 1966 die Macht; der moderate Michel Aflaq wurde verdrängt. Die neue Regierung richtete ihre Politik nach sozialistischen Prinzipien aus und orientierte sich an der Sowjetunion.

Hafis al-Assad übernahm im November 1970 die Macht. Seit der schweren militärischen Niederlage der syrischen Streitkräfte im Juni-Krieg 1967 wuchsen die Spannungen in der Führung. Assad kritisierte als Verteidigungsminister die Politik des herrschenden Flügels seiner Partei. Als dieser versuchte, ihn seines Amtes zu entheben, ließ Assad die Parteiführung am 13. November 1970 verhaften. Gleichzeitig legte er ein umfangreiches Reformprogramm vor: Unter seiner Regie wurde ein neues Parlament einberufen, die bislang restriktive Informationspolitik teilweise liberalisiert und die ›Nationale Progressive Front‹ gegründet. Als deren Mitglieder sollten andere politische Strömungen an der Regierung beteiligt werden. Ziel Assads: Das Land sollte demokratisiert, in erster Linie jedoch die Macht des Regimes ausgebaut werden. Im Vergleich zu seinen Vorgängern gelang es ihm, Syrien politisch zu stabilisieren. Mittlerweile regiert er das Land mehr als 20 Jahre und wurde als Präsident zweimal im Februar 1978 und im Februar 1985 in seinem Amt bestätigt.

Die Politik Assads wurde und wird von einem Ziel beherrscht: der Befreiung der arabischen Heimat. Nahezu alle Ressourcen des

Landes wurden gebündelt, um die Streitkräfte zu stärken, auch wenn das der Bevölkerung hohe Opfer abverlangte. Ihm war bewußt, daß Syrien allein zu schwach sein würde, um dieses Ziel zu erreichen. Deshalb bemühte er sich, verschiedene arabische Staaten und die Sowjetunion als Verbündete zu gewinnen. Zunächst fand er im ägyptischen Staatschef Anwar al-Sadat und im saudischen König Faisal gleichgesinnte Partner. Der koordinierte Angriff ägyptischer und syrischer Truppen gegen Israel am 6. Oktober 1973 stellte für Assad trotz des ungünstigen Ausgangs einen ersten Erfolg seiner Bemühungen dar. Doch schon Ende der siebziger Jahre brach das Bündnis der Waffenbrüder auseinander. Nach syrischer Interpretation hatten die Reise Anwar al-Sadats nach Jerusalem im November 1977, das unter amerikanischer Regie getroffene Abkommen von Camp David im Oktober 1978 und der im März 1979 geschlossene ägyptisch-israelische Friedensvertrag die arabische Stellung gegenüber Israel geschwächt.

Aus diesem Grund begrüßte Assad im Oktober 1978 eine Annäherung mit dem irakischen Nachbarn. Als Reaktion auf das Abkommen von Camp David unterzeichneten Irak und Syrien am 24. Oktober 1978 eine ›Charta der nationalen Aktion‹. Bis dahin standen sich Syrien und Irak feindlich gegenüber, weil in beiden Staaten zwar die Anhänger der gleichen, in sich aber heftig zerstrittenen Baath-Partei an der Macht sind. Die Lebensdauer des Bündnisses war jedoch kurz. Zwei Wochen nach seiner Machtübernahme im Irak gab Saddam Hussein Ende Juli 1979 die Aufdeckung einer Verschwörung bekannt. Vermeintlicher Auftraggeber: Syrien. Obwohl die Vereinbarungen nie aufgekündigt wurden, blieben sie Makulatur.

Bei Assad verfestigte sich der Eindruck, daß er sich bei seinen Anstrengungen auf die eigenen Ressourcen konzentrieren mußte. Seither bestimmte das Ziel, ein strategisches Gleichgewicht mit Israel zu erreichen, die Politik des Damaszener Regierungschefs. Konsequent wendete er sich zu diesem Zeitpunkt der Sowjetunion zu. Nur sie war in der Lage, sein Land mit den notwendigen Waffen zu beliefern. Die Grundlage dafür bildete der am 8. Oktober 1980 unterzeichnete Freundschaftsvertrag mit der UdSSR.

Parallel dazu konzentrierte sich Assad auf den Libanon, um

(dpa/epa)

Syrien fest auf der Seite der Alliierten:
Präsident Hafis al-Assad.

seinen Einfluß in diesem Frontstaat zu Israel auszubauen. Die Anwesenheit syrischer Truppen, die seit 1976 als Teil einer arabischen Friedenstruppe im Libanon stationiert waren, erleichterte ihm dieses Ziel. Die schwere Niederlage der Syrer, die ihnen 1982 von der israelischen Armee im Libanon zugefügt wurde, führten Assad allerdings vor Augen, wie weit seine Streitkräfte von einem militärischen Gleichgewicht entfernt waren. Seither hat er seine Anstrengungen noch gesteigert, die syrische Armee aufzurüsten. Drei Gründe machten eine Verwirklichung seines Ziels bis heute unmöglich: wachsende wirtschaftliche Probleme, hohe Kosten für die noch immer im Libanon stationierten 40 000 syrischen Soldaten und eine geringere sowjetische Unterstützung nach der Machtübernahme Gorbatschows.

Die Struktur des politischen Systems in Syrien ist geprägt von der Ideologie der Baath-Partei und der von Assad 1970 eingeführten Reformbewegung. Das westliche Modell parlamentarischer Demokratien wird abgelehnt; als Vorbild dienen vielmehr die früheren Volksdemokratien Osteuropas mit dem Leitungsprinzip des demokratischen Zentralismus. Hafis al-Assad besetzt alle entscheidenden Ämter. Er übt das Amt des Staatspräsidenten, des Generalsekretärs der Partei, des Vorsitzenden der Nationalen Progressiven Front und des Oberbefehlshabers der Armee in Personalunion aus.

Beherrscht wird die Politik des Landes von der Armee und von der Partei. Dabei versuchten die Parteistrategen lange Zeit, die Militärs durch eine gezielte Indoktrination auf die Linie der Partei zu trimmen. Erfolg hatten sie damit nicht. Erst Assad gelang es, die Streitkräfte unter Kontrolle zu bekommen: Er besetzte alle wesentlichen militärischen Ämter mit ihm ergebenen Offizieren. Seither beruht die Stabilität vornehmlich auf der guten Zusammenarbeit zwischen militärischer und ziviler Führung.

Die gefährlichste Opposition stellen die islamischen Fundamentalisten. Sie lehnen die Trennung von Staat und Kirche ab und protestieren gegen den überdurchschnittlichen Einfluß zahlreicher religiöser Minderheiten wie der Alawiten, Drusen und Christen in der Partei. Ungefähr 80 Prozent der Syrer sind sunnitische Moslems, während die Alawiten, eine schiitische Sekte, zehn Prozent, die Drusen circa zwei Prozent und die Christen etwas mehr als ein Prozent der Einwohner stellen. Bedeutendste Gruppe der Fundamentalisten sind die Moslembrüder. Ihnen werden zahlreiche Morde an Parteifunktionären vorgeworfen. Höhepunkt ihres Protestes war ein offener Aufstand in der Stadt Hama im Februar

1982. Er wurde vom Militär rücksichtslos niedergeschlagen. Mehr als 20 000 Aufständische kamen ums Leben. Im Januar 1985 versuchte Assad, die Spannungen durch eine allgemeine Amnestie zu verringern; den Widerstand der Fundamentalisten konnte er indes nicht brechen.

Neben der wachsenden islamischen Opposition bedroht vor allem seit Mitte der achtziger Jahre eine erhebliche wirtschaftliche Krise den Machtanspruch der Regierenden in Damaskus. Nach dem Machtantritt der Baath-Partei wurde die syrische Wirtschaft auf ein sozialistisches System umgestellt: In zwei Wellen, 1963 und 1965, wurden Banken, Versicherungen sowie Industrie- und Handelsunternehmen verstaatlicht. Private Unternehmer wanderten mit ihrem Kapital ins Ausland. Die Liberalisierungsmaßnahmen Assads konnten die Situation zwar etwas bessern und das private Engagement erhöhen; an der zentralen Rolle der öffentlichen Hand wurde jedoch nicht gerüttelt. Die Kriege gegen Israel, das Engagement im Libanon und das angestrebte strategische Gleichgewicht haben dazu geführt, daß die Versorgung der Bevölkerung immer schwieriger geworden ist. Darüber hinaus sind die Hilfen ausländischer Geldgeber zusammengeschmolzen. Und die Zahlungen der reichen Golfstaaten, die seit dem arabischen Gipfel von Bagdad 1978 durchschnittlich 800 Millionen bis eine Milliarde US-Dollar jährlich nach Damaskus überwiesen, sind zurückgegangen. Sie jedoch bildeten die Basis für die Industrialisierung des Landes, die in den siebziger Jahren vorangetrieben wurde. Jetzt offenbart sich, daß als Folge davon zuwenig Mittel in die Modernisierung der Landwirtschaft geflossen sind. Trotzdem bildet diese nach wie vor die Grundlage der Wirtschaft. Rund ein Viertel der 2,5 Millionen Erwerbstätigen sind dort beschäftigt. Der Anteil landwirtschaftlicher Güter am Bruttoinlandsprodukt beträgt gut 30 Prozent. Allerdings sind die Erträge stark witterungsabhängig und die Versorgung entsprechend labil.

Über Bodenschätze verfügt das Land kaum. Nur im Nordosten gibt es förderungswürdige Erdölvorkommen, die mit jenen der Golfstaaten jedoch nicht vergleichbar sind. Die sinkenden Erträge, sich verschlechternde Handelsbilanzen und das Ausbleiben der Zahlungen aus dem Ausland lassen eine Verbesserung der wirtschaftlichen Lage unmöglich erscheinen. Der Entschluß des syrischen Staatspräsidenten, sich in der aktuellen Krise am Golf der anti-irakischen Koalition anzuschließen, hängt eng mit seinen wirtschaftlichen Problemen zusammen. Dringender als je zuvor benötigt er die Finanzspritzen der reichen Ölstaaten am Golf, aber auch potentieller westlicher Geldgeber. Als Mitglied der Allianz hofft er, sich diese zu sichern. Darüber hinaus entspricht seine Entscheidung durchaus seiner bisherigen politischen Linie: Er ist bedacht darauf, die arabische Nation zu einen und militärisch zu stärken. Was diesem Ziel widerspricht, wird von ihm als Schwächung der Araber verurteilt. Das galt für den ägyptischen Friedensschluß mit Israel sowie den vom Irak begonnenen Krieg gegen den Iran und das trifft exakt auf die irakische Invasion Kuwaits und den neuerlichen Krieg am Golf zu.

LIBANON
Pax Syriana

»Libanonisierung« - dieses Wort ist längst zum Synonym für die konfessionelle Spaltung einer Gesellschaft, für einen Bürgerkrieg und für die Zerstörung aller staatlichen Herrschaftsstrukturen geworden. Die in erster Linie religiös motivierten inneren Konflikte reichen jedoch als Erklärung für den seit fünfzehn Jahren andauernden Krieg im Libanon nicht aus.

Das Gebiet des heutigen Libanon war von jeher Durchzugsland für Händler und Armeen. Nicht zuletzt deshalb war es europäischen und christlichen ebenso wie islamisch-orientalischen Einflüssen ausgesetzt. Als sich der Islam im 7. Jahrhundert n. Chr. im Vorderen Orient ausbreitete, wanderten die Angehörigen verfolgter, vor allem christlicher Minderheiten in die Berge ab. Eine tragende Rolle unter den sich bildenden Gruppen kam ab der Jahrtausendwende den Maroniten und den Drusen zu. Sie formten mit der Zeit eigene politische Strukturen und sich gegenseitig kontrollierende Familienverbände. Die Osmanen ließen trotz der Eroberung die entstandene Ordnung zunächst unberührt. Die Grundlagen des heutigen Libanon wurden so im 19. Jahrhundert gelegt. Die Maroniten benützten ihre seit den Kreuzzügen engen Beziehungen nach Europa. Die Gewinnung von Rohseide und der Seidenhandel mit Frankreich wurden für sie zu einem lukrativen Geschäft; das an europäischen Maßstäben ausgerichtete Bildungssystem schaffte die Basis für ihre wirtschaftliche Entwicklung. Den drusischen Großgrundbesitzern wurde durch den Aufschwung ein wesentliches Standbein - die billigen Landarbeiter - genommen. Gleichzeitig sank ihr politischer Einfluß. Aufgrund wachsender Spannungen wurde das damalige Emirat 1843 in einen maronitischen und einen drusischen Verwaltungsbezirk getrennt. Knapp 20 Jahre später, 1861, entstand die autonome Provinz ›Mont Liban‹ des Osmanischen Reiches. In diesem Kleinlibanon ohne Bekaa, einige Gebiete im Norden und Süden sowie die Küstenstädte Tripolis, Beirut und Sidon, stellten die Maroniten bei weitem die Mehrheit der zu über 75 Prozent christlichen Bevölkerung.

Der Libanon in seinen heutigen Grenzen schließlich wurde von den Alliierten nach Ende des Ersten Weltkrieges geschaffen; wie Syrien wurde er französisches Mandatsgebiet. Das Übergewicht der christlichen Mehrheit gegenüber den Schiiten und Sunniten schrumpfte auf wenige Prozentpunkte zusammen. Während vor allem Maroniten mit einem kleineren, aber von einer stabilen christlichen Mehrheit bewohnten Gebiet liebäugelten, traten die Muslime und Drusen für ein unabhängiges arabisches Reich ein.

Die in der Verfassung von 1926 verankerte Machtbeteiligung aller Konfessionen gewährleistete jedoch zu diesem Zeitpunkt, daß die Muslime sich mit der Situation abfanden. Der bislang letzten, 1932 durchgeführten Volkszählung entsprechend lag das Verhältnis zwischen Christen und Muslimen bei sechs zu fünf. Für zusätzliche Stabilität sorgte der 1943 zwischen dem maronitischen Staatspräsidenten und dem sunnitischen Ministerpräsidenten geschlossene, indes nie schriftlich fixierte Nationalpakt: Er garantierte, daß die muslimische Seite auf eine Vereinigung mit Syrien verzichtete. Die Christen akzeptierten die arabischen Bindungen des Landes und verzichteten ihrerseits auf eine ›Protektion‹ durch die Mandatsmacht. Außerdem wurden die Sitze im Parlament nach dem 1932 ermittelten Proporz verteilt. Hinzu kam die ungeschriebene Übereinkunft, daß der Parlamentspräsident stets ein Schiit, der Ministerpräsident ein Sunnit und der Staatspräsident ein Maronit sein mußte. Durch die demonstrierte Einigkeit wuchs der Druck auf Frankreich. Im gleichen Jahr wurden alle Mandatsartikel aus der Verfassung gestrichen. Am Jahresende 1946 verließen die letzten französischen Einheiten das Land.

Trotz des Nationalpaktes blieb die Ausrichtung der libanesischen Politik uneinheitlich. Präsident Camille Chamoun (1952 bis 1958) betrieb eine betont pro-westliche Außenpolitik, obwohl eine Woge des Panarabismus und Nasserismus die Stimmung in der arabischen Welt bestimmte. Zusammen mit dem Versuch, durch eine Änderung der Verfassung seine Amtszeit zu verlängern, provozierte seine Politik einen ersten Bürgerkrieg, bei dem 1958 mehrere tausend Menschen ums Leben kamen. Der Nachfolger Chamouns, Fouad Chehab (1958 bis 1964), stellte die speziellen Bindungen zu den arabischen Nachbarn wieder her. Farblos blieb die Linie von Präsident Charles Helou (1964 bis 1970). Unter Suleiman Franjieh (1970 bis 1976) traten zwei Probleme immer deutlicher zutage: Die Muslime forderten eine stärkere Beteiligung an der Macht, weil sich nach ihrer Auffassung das Verhältnis zwischen den Christen und ihnen zu ihren Gunsten verschoben hatte. Eine erneute Volkszählung fand nicht statt, weil sich die Christen aus Angst vor einem Machtverlust dagegen wehrten.

Außerdem gab es keine Übereinstimmung darüber, wie man sich der sprunghaft gestiegenen Zahl der Palästinenser und ihren

Angriffen auf Israel gegenüber verhalten sollte. Vor allem seit der Vertreibung der PLO aus Jordanien im »Schwarzen September« 1970 strömten die palästinensischen Fedajin in den ›Zedernstaat‹, um von dort ihren Guerillakampf gegen Israel fortzusetzen. Die israelische Taktik, palästinensische Angriffe mit ungleich stärkeren Gegenschlägen auch gegen die Zivilbevölkerung zu beantworten, hatte in Jordanien dazu geführt, daß die PLO durch die Armee in ihre Schranken verwiesen worden waren. Im Libanon funktionierte das nicht mehr. Die Armee war zu schwach und wie die Bevölkerung in ihrer Haltung für und gegen die Palästinenser gespalten. Die Christen, besorgt um die Unabhängigkeit und die eigene Machtposition, begannen damit, eigene bewaffnete Milizen aufzustellen. Zahlreiche Muslime forderten hingegen die Unterstützung der Befreiungsbewegung als ureigenste arabische Aufgabe. Und die Palästinenser, durch ihre Erfahrungen in Jordanien geprägt, sicherten ihre Lager mit schweren Waffen. Sie bemühten sich, libanesische Verbündete zu finden und statteten Milizen der Linken und der muslimischen Gemeinschaften mit Waffen aus.

Die arabischen Staaten betrachteten die PLO auf der einen Seite als günstiges Instrument im Kampf gegen den jüdischen Staat. Ohne selbst in den Konflikt mit dem jüdischen Staat treten zu müssen, konnten sie durch die finanzielle Unterstützung ihre pro-palästinesische Solidarität unter Beweis stellen. Die im Libanon erlangte Selbständigkeit machte die PLO andererseits zu einer potentiellen Gefahr für die jeweils eingeschlagene Strategie der Araber. Rivalisierende Staaten versuchten durch Finanzhilfen und Waffenlieferungen , jeweils auf die ihnen genehmen Palästinenser-Organisationen Einfluß zu nehmen. Diese Strategie dehnten sie im Verlauf des Bürgerkrieges auf die Milizen aller ethnisch-religiösen Gruppen im Libanon aus.

Kein Land hat seine Ziele dabei mit solcher Ausdauer und zahlreichen Frontwechseln betrieben wie Syrien. Die militärischen Möglichkeiten des Syrers Hafis al-Assad waren für eine direkte Konfrontation mit Israel zu gering; indirekter Druck durch palästinensische Stellverteter und von libanesischem Boden aus entsprachen seinen Vorstellungen. Notwendige Bedingung: Sowohl die libanesische Regierung als auch die PLO durften nicht die Überhand gewinnen. An diesem Ziel erklärt sich die wechselnde

Unterstützung mal für die Palästinenser, mal für die Christen und dann für die Schiiten-Miliz Amal. Zum Schlachtfeld ausländischer Kräfte wurde der Libanon, weil er zur letzten Bastion der Palästinenser geworden war, weil die Israelis genau das nicht zulassen wollten, und weil Syrien in den Palästinensern das geeignete Instrument sah, auf die Lösung der Palästinafrage nach eigenen Vorstellungen Einfluß zu nehmen.

Die Spannungen zwischen den Konfessionen sorgten im Libanon selbst dafür, daß das Land im Innern zu schwach war, um sich der Bedrohungen durch nicht-libanesische Kräfte zu erwehren. Das Proporzsystem, das die Machtverhältnisse zwischen den religiösen Gruppen verteilen sollte, entsprach nicht mehr den realen Verhältnissen in der Bevölkerung; die Macht der Christen, vor allem der Maroniten, hatte seine Legitimation verloren. Das im Wahlgesetz verankerte Konkordanzsystem, das den Grundbesitzern und Großbürgern aller Religionen die Dominanz im Parlament sicherte und als Grundlage des Ausgleichs bis dahin funktioniert hatte, wurde den jüngsten sozialen Entwicklungen nicht mehr gerecht. Junge politische Kräfte der einzelnen Konfessionen forderten mehr Einfluß. Jede Gemeinschaft verstand darunter allerdings etwas anderes: Die Sunniten wollten das System nicht abschaffen, sondern den Platz der Maroniten einnehmen. Die Schiiten wollten die Abschaffung, weil sie sich in einem Mehrheitssystem den größten Einfluß versprachen. Kleine Gruppierungen wie die Drusen hofften, bei einer Änderung der Strukturen endlich eines der höchsten Staatsämter übernehmen zu können.

Allen gemeinsam war die Erkenntnis, daß keine Gruppe für sich das Land würde dominieren können. Mit der Unterstützung einer ausländischen Macht indes schien alles möglich. Zwangsläufige Konsequenz: Griff eine Gruppe mit fremder Hilfe zur Macht, waren alle anderen gezwungen, sich ebenfalls Verbündete zu suchen. Der Nährboden für die Verknüpfung der inneren und äußeren Konflikte war bereitet. Auf die Koalition der Sunniten mit den Palästinensern folgte die der Maroniten mit den Israelis. Die Schiiten kooperierten mal mit Syrien, mal mit dem Iran, die Drusen verbündeteten sich teilweise sogar gleichzeitig mit Syrien und mit Israel. Den Schlußpunkt setzten Kämpfe der Christen untereinander: Während eine Fraktion von Syrien unterstützt wurde, erhielt die Miliz von Michel Aoun bis zu ihrer Kapitulation am 13. Oktober 1990 Waffen vom syrischen Erzfeind Irak. Nach über 15 Jahren Bürgerkrieg ruhen seither die Waffen im Zedernstaat. ›Gewonnen‹ hat von den Libanesen niemand. Keine der religiösen Gruppierungen konnte eine Vormachtstellung erringen. Syrien aber hat sein Ziel weitgehend erreicht: Gegen Hafis al-Assad und seine 40 000 im Land stationierten Soldaten wird im Libanon bis auf weiteres keine Politik gemacht werden können.

Nach 15 Jahren Krieg ist auch die Wirtschaft des Landes zusammengebrochen und die Infrastruktur völlig zerstört. Vor dem Ausbruch der Kämpfe erlebte das Land einen enormen Wirtschaftsaufschwung. Der Handel expandierte, und die libanesische Hauptstadt wurde zum Knotenpunkt zwischen den Industriestaaten und der arabischen Welt. Gleichzeitig erhöhte sich die Produktion; allein in den letzten beiden Jahren vor Kriegsausbruch verdoppelten sich die Exporte industrieller Güter. Mittlerweile hat sich die Ökonomie völlig verändert: Geld in Milliardenhöhe wird vor allem mit Waffen und Drogen verdient. Nach offiziellen Schätzungen ist der illegale Wirtschaftssektor kaum kleiner als der legale. Der libanesische Staat steht trotz des Krieges keineswegs mittellos dar. Im Vergleich zu seinen Nachbarn Syrien, Jordanien und Israel geht es ihm sogar gut: 500 Millionen US-Dollar Auslandsschulden und Verbindlichkeiten von 1,4 Milliarden US-Dollar im Land stehen bei der Zentralbank gelagerte Reserven von 5,5 Milliarden US-Dollar gegenüber.

Sowohl die politische wie die wirtschaftliche Zukunft ist völlig ungewiß. Die Krise am Golf allerdings hat es Syrien ermöglicht, ohne großen amerikanischen, europäischen oder israelischen Widerstand seine Ordnung im Libanon durchzusetzen. Sie lenkte außerdem die Aufmerksamkeit der arabischen Staaten ab, die im Land Stellvertreterkriege führen ließen. Selbst der libanesische Präsident Elias Hrawi sieht in einer »Pax Syriana« die einzige Möglichkeit, sein Land zu befrieden: »Ohne die Syrer geht es nicht.«

JORDANIEN
Überlebenskünstler und Drahtseiltänzer

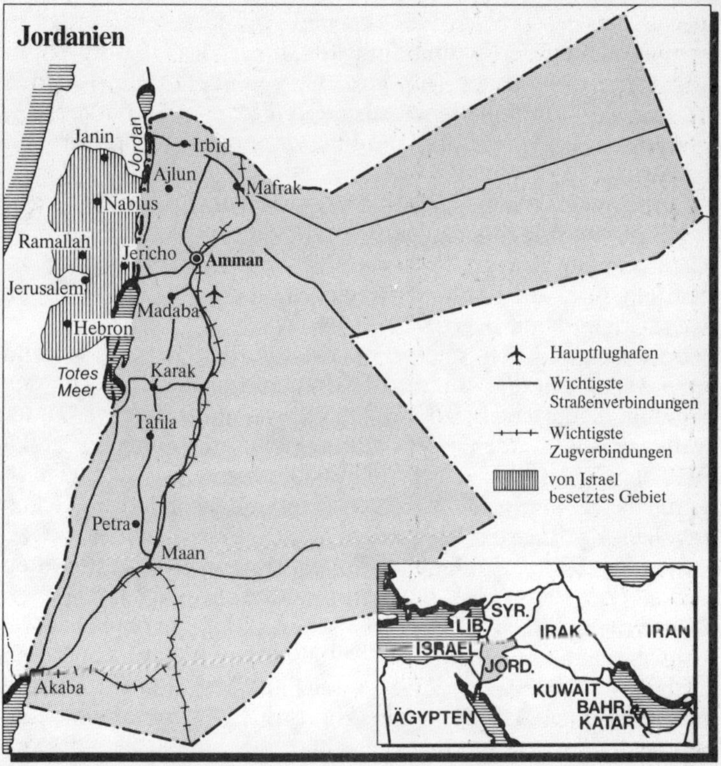

Der Staat Jordanien in seinen aktuellen Grenzen entstand nach Ende des Ersten Weltkrieges. Schon während des Krieges, im Mai 1916, einigten sich England und Frankreich im Sykes-Picot-Abkommen darauf, die Überreste des Osmanischen Reiches im Nahen Osten, zu denen seit der Eroberung durch die Türken im 16. Jahrhundert auch das heutige Jordanien gehörte, in Einflußzonen aufzuteilen. Dabei fielen sowohl Cisjordanien (das Gebiet zwischen Mittelmeer und Jordan, das Palästina entsprach) als auch Transjordanien unter britische Verwaltung.

Drei Jahre nach Ende des Krieges wurde auf der Konferenz von Kairo die Trennung des bis dahin einheitlichen britischen Mandatsgebietes beschlossen. Palästina und Transjordanien wurden zu zwei getrennten Verwaltungseinheiten. Im April 1921 wurde Emir Abdallah als Herrscher Transjordaniens eingesetzt. Im Rahmen des Mandats kontrollierte jedoch weiterhin der britische Vertreter in Amman die Verwaltung, die Finanzen, die Außenpolitik und die Armee.

Die formale Unabhängigkeit Transjordaniens wurde durch den Londoner Vertrag vom 22. März 1946 besiegelt. Ökonomisch indes blieb das neue Königreich Abdallahs von der finanziellen Unterstützung durch die Londoner Regierung abhängig und die eigene Souveränität damit begrenzt.

Im ersten arabisch-israelischen Krieg in den Jahren 1948 und 1949 waren nur die Streitkräfte Jordaniens in der Lage, sich gegenüber den Israelis zu behaupten. Als am 3. April 1949 der Waffenstillstand geschlossen wurde, hielten die Jordanier große Teile der Gebiete, einschließlich Ost-Jerusalems, besetzt, die nach dem ›UN-Teilungsplan für Palästina‹ der dort lebenden arabischen Bevölkerung zugestanden worden waren. Schon Monate zuvor, auf der Konferenz von Jericho, Anfang Dezember 1948, stimmten Vertreter der Flüchtlinge, der Stammesscheichs und der religiösen Führer mehrheitlich für eine politische Union des von den Jordaniern besetzten Gebietes der Westbank mit dem Königreich Jordanien. Am 20. April 1950 schließlich beschlossen die kurz zuvor gewählten Mitglieder der Abgeordnetenkammer die Vereinigung der Gebiete westlich und östlich des Jordans zum haschemitischen Königreich Jordanien. Die Mehrheit der palästinensischen Bevölkerung auf der Westbank aber lehnte ohne Erfolg die Vereinigung ab, weil sie einen unabhängigen Staat forderte.

Der heute regierende König Hussein übernahm die Macht in Jordanien im März 1953, nachdem sein Großvater Abdallah im Juli 1951 in Jerusalem ermordet worden war, und sein Vater Talal schon im August 1952 aus gesundheitlichen Gründen abdanken mußte. Ende der fünfziger Jahre setzte Hussein, vor allem auf Drängen seiner eigenen Bevölkerung, die endgültige Unabhängigkeit Jordaniens durch: Zunächst entließ er den britischen Oberbefehlshaber der jordanischen Armee und ersetzte die britischen Offiziere durch jordanische. Im Anschluß an die Suez-Krise 1956 einigte er sich mit Syrien und Ägypten auf ein gemeinsames militärisches Oberkommando: Symbol seiner Annäherung an die arabischen Staaten. Im Januar 1957 erklärten sich Syrien und Ägypten außerdem dazu bereit, die bisherigen britischen Subsidien an das Königreich zu übernehmen. Damit war der König auch wirtschaftlich in der Lage, sein Land am 2. Juli 1957 in die Unabhängigkeit zu führen. Gleichzeitig näherte sich der Monarch mit einer auf Ausgleich bedachten Politik den Vereinigten Staaten an. Vom Sechs-Tage-Krieg 1967 wurde Jordanien, das sich durch einen kurz zuvor vereinbarten Verteidigungspakt mit Ägypten zum Kriegseintritt gezwungen sah, am schwersten betroffen. Es verlor alle Gebiete westlich des Jordans, einschließlich Ost-Jerusalem. Darüber hinaus strömten viele palästinensische Flüchtlinge ins Land, die das demographische Verhältnis in Jordanien erheblich veränderten: Mehr als die Hälfte der Regierten in Jordanien sind seither Palästinenser.

Durch die Niederlage der arabischen Staaten erhielt die 1964 gegründete PLO vor allem in Jordanien wachsenden Zulauf. Hussein tolerierte zunächst die Aktivitäten der PLO. Nachdem die Israelis dazu übergangen waren, Guerilla-Angriffe mit massiven Vergeltungsschlägen auch gegen die Zivilbevölkerung zu beantworten, konnte Hussein der PLO nicht mehr freie Hand lassen. Die Zusammenstöße zwischen der Befreiungsbewegung und den Streitkräften wurden ab Anfang 1970 immer heftiger. Nach einem Attentatsversuch auf Hussein ging die Armee im September 1970, dem »Schwarzen September«, direkt gegen die Guerillas der PLO vor. Trotz des Widerstandes der arabischen Nachbarn und zahlreicher geschlossener und wieder gebrochener Waffenstillstandsabkommen kam es im Juli 1971 zur entscheidenden Aktion der Militärs, die mit der endgültigen Zerschlagung der Streitmacht der PLO im Königreich endete. Die PLO hatte sich zu einem Staat im Staate entwickelt, der die Herrschaft des Königs ernsthaft gefährdet hatte. Allein die Loyalität der zu 90 Prozent aus Beduinen, den Ureinwohnern des Landes, rekrutierten Militärs ermöglichte dem Monarchen sein politisches Überleben.

Für die seit dem Sechs-Tage-Krieg von Israel besetzten Gebiete hatte das Königreich trotz der Besatzung seine administrativen Aufgaben erfüllt und die Bezahlung der Verwaltung fortgesetzt. Erst im Sommer 1988, nachdem zahlreiche Versuche, den palästinensisch-israelischen Konflikt im Rahmen einer jordanisch-palästinensischen Konföderation beizulegen, gescheitert waren, und sich die palästinensische Bevölkerung in den besetzten Gebieten im Verlauf der Intifada eindeutig für die PLO und gegen den jordanischen Herrscher als ihrem politischen Vertreter ausgesprochen hatte, suspendierte der Monarch alle administrativen Bindungen zur Westbank. Seither obliegen diese Aufgaben allein der PLO.

Jordanien ist gemäß der Verfassung vom 1. Januar 1952 eine konstitutionelle Erbmonarchie. Die Gesetzgebung liegt bei der Nationalversammlung, die aus zwei Kammern - dem Senat und dem Abgeordnetenhaus - besteht. Die politischen Freiheiten der Bevölkerung waren lange Zeit stark eingeschränkt. Bereits 1957 wurden politische Parteien verboten. Das Parlament trat erstmals 1984 wieder zusammen, nachdem seine Arbeit nach dem Junikrieg 1967 unterbrochen und es 1974 suspendiert worden war. Erst im Herbst 1989, als nach empfindlichen Preiserhöhungen für Grundnahrungsmittel schwere Unruhen ausbrachen, sah sich der König gezwungen, eine Liberalisierung einzuleiten, Neuwahlen auszuschreiben und politische Parteien zuzulassen. Bereits im ersten Anlauf gewannen die in allen anderen arabischen Staaten, aufgrund ihrer fundamentalistischen Grundhaltung verbotenen Moslembrüder 22 Sitze. Wie sehr deren Einfluß schon in kurzer Zeit gewachsen ist, zeigen zwei Entwicklungen der jüngsten Zeit: Im November 1990 wurde einer ihrer prominentesten Vertreter, der ehemalige Staatssekretär im Gesundheitsministerium Abd al-Latif Arabijat, Parlamentspräsident und seit Januar 1991 werden sieben Ministerposten in Jordanien von Mitgliedern der Partei oder ihnen nahestehenden Moslems besetzt.

Ökonomisch stand Jordanien nie auf eigenen Füßen. Es ist ein strukturschwaches Land mit wenigen natürlichen Ressourcen. Der größte Teil des Landes besteht aus Wüste. Eine typische Beschreibung des Nahen und Mittleren Ostens besagt, daß es dort viel Öl und wenig Wasser gibt. Für Jordanien trifft das nicht zu:

Solidarität in Jordanien: Palästinenser demonstrieren in Amman für den Heiligen Krieg, zu dem Saddam Hussein aufgerufen hatte. (dpa/AFP)

Hier gibt es wenig Wasser und wenig Öl. Veranwortlich für das Wasserproblem sind die extrem geringen Regenfälle. Die Konsequenz: Nur knapp zehn Prozent des Bodens können landwirtschaftlich genützt werden. Und durch die Ausbreitung der Siedlungsgebiete nimmt auch diese Fläche konstant ab. Jordanien ist also weit davon entfernt, sich selbst zu versorgen. Trotz der Intensivierung der Landwirtschaft muß das Königreich knapp die Hälfte seiner Lebensmittel importieren. Nur zwei Bodenschätze sind für Jordanien von wirtschaftlicher Bedeutung: Phosphat und Pottasche. Der Erlös aus dem Export der beiden macht rund vierzig Prozent der Staatseinnahmen aus.

Die drei entscheidenden wirtschaftlichen Stützen des Königreichs sind die Finanzhilfen der arabischen und der westlichen Staaten, die Überweisungen der im Ausland tätigen Jordanier sowie die Einnahmen als Transitland. Seine Rolle im Nahost-Konflikt, als Land mit der größten Grenze zu Israel, und als Hauptleidtragender des Juni-Krieges 1967 ebenso wie seine guten Beziehungen zum Westen werden mit erheblichen Hilfeleistungen honoriert. Den Löwenanteil mit 91,1 Prozent tragen die arabischen Staaten. Auf dem Gipfel von Bagdad 1978 wurde Jordanien eine jährliche Hilfe von 1,25 Milliarden US-Dollar zugesagt. Dieser für zehn Jahre gültigen Absprache kam indes nur Saudi-Arabien regelmäßig nach. Der Anteil der Gastarbeiterüberweisungen am Bruttosozialprodukt des Landes beträgt rund 25 Prozent. Allein 1990 erwartete die Zentralbank in Amman vor Ausbruch der Golfkrise 800 Millionen US-Dollar an Überweisungen. Die wachsende Bedeutung als Transitland resultiert aus den Turbulenzen im Verlauf des iranisch-irakischen Krieges. Vor allem für den Irak wurde der Wüsten-Highway von Akaba nach Bagdad zur Lebensader für die Versorgung mit Lebensmitteln und anderen Gütern. Von 1978 bis 1987 verhundertfachte sich die im Hafen von Akaba umgeschlagene Gütermenge von 98 000 Tonnen auf 9,1 Millionen Tonnen. Nach dem Ende der Golfkrise offenbart sich das Dilemma des Königreichs: Die für 1990 erwartetete Finanzhilfe der arabischen Nachbarn von 600 Millionen US-Dollar ist nach der für die Golfstaaten unzureichenden Solidarität des Jordaniers ausgesetzt worden. Bereits Mitte September 1990 sperrten die Saudis dem Haschemiten-Reich den bis dahin üppig sprudelnden Ölhahn zu. Obendrein blieben die Rücküberweisungen der Gastarbeiter zur Hälfte aus und im bisherigen Transitgeschäft mit dem wichtigsten Handelspartner Irak klafft eine Lücke von 925 Millionen US-Dollar. Die Vereinten Nationen schätzen den Gesamtverlust des Landes für 1991 auf 1,5 Milliarden und für 1992 auf 3,6 Milliarden US-Dollar. Der Spielraum des Monarchen aber ist gering: 60 Prozent der Bevölkerung sind Palästinenser. Der vor allem unter ihnen wachsende Einfluß der weniger proirakischen, aber strikt anti-westlichen Fundamentalisten erlaubt dem König kaum eine für die bisherigen Finanziers befriedigende Stellungnahme. Die Zukunft Jordaniens ist ungewiß.

Israel

Dorn im Auge der Araber

Israel ist seit dem 14. Mai 1948 Heimat für Millionen Juden aus der ganzen Welt geworden. Biblische Ansprüche auf das Land ihrer Vorfahren und die Einsicht, als überall verfolgte Minderheit nur in einem eigenen Land vor Repressalien und Pogromen wirklich sicher zu sein, waren Grundlage und Auslöser für den Ende des vergangenen Jahrhunderts entstehenden Zionismus.

Die Geschichte des biblischen Israels führt bis in die vorchristliche Zeit zurück. Über 1500 Jahre vor Beginn unserer Zeitrechnung besiedelten Abraham, Isaak und Jakob das Land. Eine große Hungersnot trieb die Juden nach Ägypten. Dem Auszug unter Moses, der Wanderung durch den Sinai und der Offenbarung der Zehn Gebote folgte die Eroberung des ›Gelobten Landes‹. Um die Jahrtausendwende v. Chr. gründete Saul das erste Königreich. David machte als sein Nachfolger Jerusalem zur Hauptstadt des Reiches und dessen Sohn Salomon errichtete den ersten Tempel. Nach der Spaltung des Reiches 933 v. Chr., der Eroberung Jerusalems und der Zerstörung des Tempels durch Nebukadnezar 586 v. Chr. gestattete der Perserkönig Kyros den Bau des zweiten Tempels 538 v. Chr. Fast 500 Jahre später, 63 v. Chr., eroberte die römische Armee von Pompejus Jerusalem. Judäa wurde römische Provinz. Im Verlauf eines Aufstandes zwischen 66 und 70 n. Chr. wurde Jerusalem völlig zerstört. Trotz der Herrschaft durch Rom und Byzanz bestimmten die Juden noch mehrere Jahrhunderte das Leben in Palästina. Das jüdische Recht wurde in der Mischna und im Talmud im zweiten und vierten Jahrhundert fixiert. Ab Mitte des ersten Jahrtausends blieben nur wenige Juden in Palästina. Die anderen wurden in viele Länder, oft als ungeliebte Minderheit, verstreut.

Der Zionismus als national-jüdische Bewegung bildete sich Ende des 19. Jahrhunderts. Er war eine Reaktion auf die Verfolgung der Juden in Ost- und zunehmender antisemitischer Stimmungen in Westeuropa. Unter der Leitung Theodor Herzls fand 1897 in Basel der erste Zionistenkongreß statt. Zum vorrangigen

Ziel wurde die Errichtung eines selbständigen jüdischen Staates erklärt. Nach Ende des Ersten Weltkrieges wurde Palästina britisches Mandatsgebiet. Schon ein Jahr zuvor hatte sich die Londoner Regierung in der Balfour-Deklaration verpflichtet, die Errichtung einer nationalen jüdischen Heimstatt zu unterstützen. Unter dem Schutz der Briten gelang es den Zionisten, sich durch eine im Vergleich zur arabischen Bevölkerung erheblich bessere finanzielle Ausstattung und der dadurch möglichen Landkäufe in Palästina zu etablieren. Gegen den Widerstand und den wachsenden Nationalismus der arabischen Bevölkerung gründeten die Zionisten verschiedene Kampforganisationen: Bereits 1921 entstand die Hagana. Sie agierte als inoffizielle Untergrundarmee der jüdischen Bevölkerung in Palästina und diente ausschließlich der Verteidigung. Ihre Eliteeinheit war der Palmach, zu der der spätere Verteidigungsminister Moshe Dajan gehörte. Nach der Unabhängigkeit Israels wurde sie zur offiziellen Armee Zahal. 1938 spaltete sich die ›Nationale Militärorganisation‹, kurz ›Etzel‹, von der Hagana ab. Sie lehnte deren Zurückhaltung ab und beantwortete arabischen Terror mit Gegenterror. Im Zweiten Weltkrieg unterstützte die ab 1942 von Menachem Begin geführte Etzel zunächst die Briten, ab 1944 jedoch bekämpfte sie die Mandatsmacht mit Anschlägen und Bombenattentaten. Gleiches hatten sich die von Etzel abgespaltenen ›Kämpfer für die Freiheit‹, kurz Lechi, bereits ab 1939 zum Ziel gesetzt. Mitglied von Lechi: Israels heutiger Ministerpräsident Yitzhak Schamir.

In zwei Aufständen, 1936 sowie 1937 bis 1939, versuchten die Araber, sich gegen die Politik der Mandatsmacht und die Ausbreitung der Zionisten zu wehren. Beim Versuch, die Revolten zu unterdrücken, hatten die Briten Erfolg; eine Vermittlung zwischen jüdischen und arabischen Ansprüchen blieb ihnen jedoch auch nach Ende des Zweiten Weltkrieges versagt. Daraufhin kündigten die Briten die Rückgabe des Mandats an die UN an. Am 29. November 1947 verabschiedeten die Vereinten Nationen den Teilungsplan für Palästina: Das Gebiet sollte in einen jüdischen und einen palästinensischen Staat sowie eine internationale Zone um Jerusalem getrennt werden. Während diese Aufspaltung den Vorstellungen der Zionisten annähernd entsprach, begann noch am gleichen Tag ein arabischer Aufstand. Zum koordinierten

Israel heute

Angriff der Streitkräfte Jordaniens, Syriens, Ägyptens, Iraks und des Libanon kam es allerdings erst, nachdem am 14. Mai 1948 der letzte britische Hochkommissar Palästina verlassen und David Ben-Gurion in Tel Aviv die Unabhängigkeit Israels verkündet hatte. Obwohl an Soldaten und Waffen gemessen weit unterlegen, gelang es den Israelis in diesem ersten arabisch-israelischen Krieg, bis zum Waffenstillstand im April 1949 zusätzliches Land zu besetzen. Die Westbank, ebenfalls Teil des vom UN-Plan betroffenen Gebietes, ging an Jordanien; der Gaza-Streifen fiel an die Ägypter.

In vier weiteren Kriegen versuchte Israel, seine Landesgrenzen zu sichern oder, insbesondere durch den Libanon-Feldzug, seinen Einfluß auszudehnen. Gebietsgewinne erzielte die israelische Armee im Verlauf der Suez-Krise 1956, des Sechs-Tage-Krieges 1967 und der Invasion in den Libanon 1982. Während sie sich 1956 auf Druck der USA wieder zurückziehen mußte, besetzen die Israelis 1967 die eroberte Westbank, den Gaza-Streifen und die Golanhöhen. Außerdem beanspruchen sie seit Ende des Libanon-Feldzuges 1985 eine zehn Kilometer breite Sicherheitszone im Süden des Zedernstaates. Nur im Anschluß an den Yom-Kippur-Krieg im Oktober 1973 blieben nennenswerte Landgewinne aus. Den bislang einzigen Friedensvertrag mit seinen Nachbarn schloß der jüdische Staat im März 1979 mit Ägypten; im Zuge dessen - jedoch mit zeitlicher Verzögerung - gab Israel die ebenfalls seit 1967 besetzte Sinai-Halbinsel an Ägypten zurück.

Die politischen Strukturen Israels sind in der Unabhängigkeitserklärung und in den ›Grundgesetzen‹ geregelt. Sie werden von der Knesseth, dem israelischen Parlament, im Laufe der Zeit erlassen. Eine geschriebene Verfassung des jüdischen Staates gibt es nicht. Die Staatsform einer parlamentarischen Demokratie läßt sich anhand der Grundgesetze indes deutlich erkennen. Staatsoberhaupt des Landes ist der von der Knesseth auf fünf Jahre gewählte Staatspräsident. Entscheidendes politisches Gewicht besitzt er aber nicht.

Die 120 Mitglieder der Knesseth, einem Ein-Kammer-Parlament, werden auf vier Jahre gewählt. Sie erfüllen normale gesetzgeberische und konstituierende Funktionen. Darüber hinaus haben sie die Aufgabe, die Regierung zu kontrollieren. Entsprechend

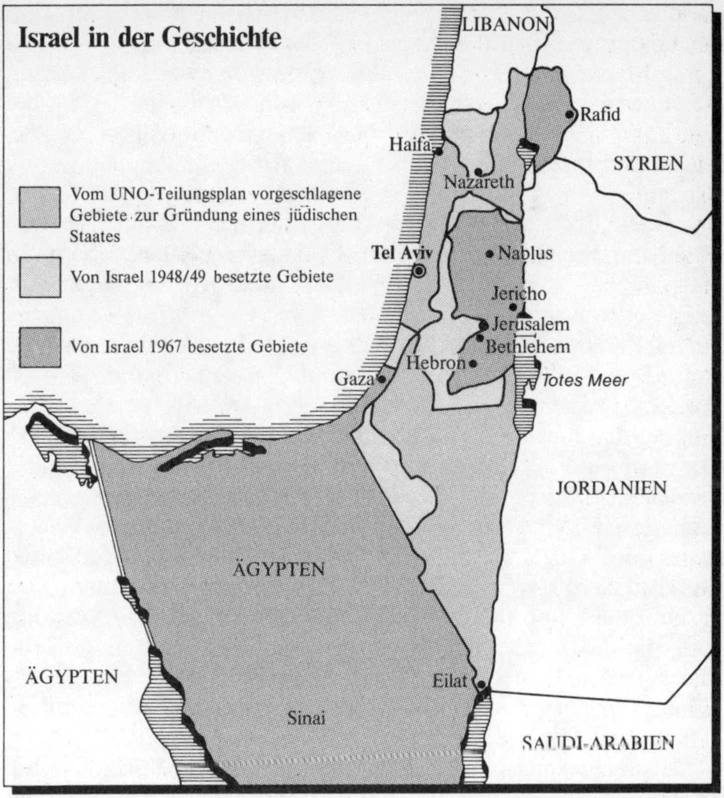

bewilligen sie den Haushalt des jüdischen Staates und können Untersuchungsausschüsse einsetzen.

Die Regierung ist dem Parlament verantwortlich, wobei der Ministerpräsident Mitglied der Knesseth sein muß, die von ihm benannten Minister nicht. Lange Zeit war der Regierungschef nur primus inter pares; wollte er einen Minister entlassen, so mußte er selbst zurücktreten. 1962 wurde der Grundsatz der ›kollektiven Verantwortung‹ eingeführt, der es nur dem Kabinett erlaubte, einzelne Minister zu entlassen. Seit 1981 kann der Ministerpräsident diese Entscheidung alleine fällen. Israelische Regierungen konnten seit der Staatsgründung nur durch Koalitionen gebildet werden. Während dabei lange Zeit die israelische Arbeiterpartei dominierte, übernahm erstmals 1977 der rechtskonservative Likud unter Menachem Begin die Regierungsverantwortung. Dessen Nachfolger Yitzhak Schamir bildete nach den Wahlen 1984, die mit einer Patt-Situation zwischen den beiden Lagern endete, zusammen mit Shimon Peres von der Arbeiterpartei eine Große Koalitionen. Vier Jahre später wurde diese mangels Alternative fortgesetzt, bis sie im Frühjahr 1990 über der Palästinenserfrage auseinanderbrach. Seit Ende Juni 1990 regiert Yitzhak Schamir in einer kleinen Koalition mit religiösen und rechtsextremen Parteien in Jerusalem.

Das Parteienspektrum läßt sich in drei Lager unterteilen: die Religiösen, die Arbeiterparteien und die bürgerlich-konservativen Parteien. Die religiösen Parteien organisierten sich als erste bereits Anfang des Jahrhunderts. Ebenso wie die anderen Parteiblöcke änderten sie durch Spaltungen und Zusammmenschlüsse immer wieder ihr Gesicht. Bei den letzten Wahlen im November 1988 errangen sie 15 Prozent der Stimmen; seither stellen Agudat Israel, Schass und Degel Hathora zusammen 18 Parlamentarier.
Die Israelische Arbeiterpartei (IAP) entstand 1968 durch den Zusammenschluß dreier kleinerer Gruppierungen. Dazu gehörte Rafi, die ›Liste der Arbeiter Israels‹, mit Schimon Peres, Moshe Dajan und dem heutigen Staatspräsidenten Chaim Herzog. Im Bündnis mit zwei weiteren Parteien errang sie 1988 knapp 30 Prozent der Stimmen.

Der rechtskonservative Likudblock entstand 1973. Zu ihm gehört inzwischen auch die Cherut-Partei, die nach der Unabhängigkeit aus der Kampforganisation Etzel und Teilen der Lechi hervorgegangen war. Im Herbst 1988 gewann der Likud 31 Prozent der Stimmen und stellt seither mit Yitzhak Schamir den Ministerpräsidenten. Hinzu kommen die drei rechtsextremen Parteien Moledet, Tzomet und Techiya, die der kleinen Koalition unter Schamir angehören.

Mehr als andere Volkswirtschaften wird die israelische von politischen Faktoren beeinflußt. An erster Stelle sind die Kriege zu nennen, an denen Israel seit seiner Gründung 1948 beteiligt war: Die Ausgaben für den Verteidigungshaushalt und die Tilgung militärischer Schulden betragen jährlich nahezu 60 Prozent des

(dpa)

Israel verzichtete nur widerwillig auf einen Vergeltungsschlag gegen den Irak: Regierungschef Yitzhak Schamir.

staatlichen Budgets. Einen hohen Stellenwert im Staatshaushalt nimmt die Immigration ein. Um dem Anspruch, Heimstatt aller Juden zu sein, gerecht zu werden, müssen von staatlicher Seite genügend Arbeitsplätze, Wohnungen und soziale Absicherungen bereitgestellt werden. Mehr als ungenaue Schätzungen über ihr Volumen sind indes unmöglich. Der Außenhandel des jüdischen Staates wird dadurch erschwert, daß die meisten arabischen Staaten Geschäfte mit Israel boykottieren. Nur mit Exporten ist das Land jedoch in der Lage, die Devisen zu verdienen, um seinen Mangel an Bodenschätzen auszugleichen. Schließlich belastet die im Dezember 1987 ausgebrochene Intifada die israelische Wirtschaft. Schätzungen für 1988 und 1989 beziffern die Verringerung des Bruttosozialprodukts als Reaktion auf die Intifada mit 2 bis 2,5 Prozent.

Die Israel-Resolution

Resolution 681 (1990) des Sicherheitsrates der Vereinten Nationen vom 20. Dezember 1990.

»Der Sicherheitsrat,
in Bekräftigung der Verpflichtungen der Mitgliedstaaten nach der Charta der Vereinten Nationen,
sowie in Bekräftigung des in Resolution 242 (1967) des Sicherheitsrats vom 22. November 1967 niedergelegten Grundsatzes der Unzulässigkeit des Gebietserwerbs durch Krieg,
nach Erhalt des gemäß Resolution 672 (1990) des Sicherheitsrats vom 12. Oktober 1990 vorgelegten Berichts des Generalsekretärs über Mittel und Wege zur Gewährleistung der Sicherheit und des Schutzes der palästinensischen Zivilbevölkerung unter israelischer Besetzung 1/ und insbesondere Kenntnis von Ziffer 20 bis 26 dieses Dokuments,
Kenntnis nehmend von dem aus Ziffer 22 des Berichts des Generalsekretärs hervorgehenden Interesse des Generalsekretärs an einem Besuch und an der Entsendung seines Bevollmächtigten zur Weiterverfolgung seiner Initiative bei den israelischen Behörden sowie von der Einladung, die diese vor kurzem an ihn gerichtet haben,
ernsthaft besorgt über die gefährliche Verschlechterung der Situation in allen von Israel seit 1967 besetzten palästinensischen Gebieten einschließlich Jerusalems sowie über die Gewalt und die wachsenden Spannungen in Israel,
unter Berücksichtigung der vom Präsidenten des Sicherheitsrats am 20. Dezember 1990 abgegebenen Erklärung 2/ betreffend die Methode und das Vorgehen zur Herbeiführung eines umfassenden, gerechten und dauerhaften Friedens im arabisch-israelischen Konflikt,
unter Hinweis auf seine Resolution 607 (1988) vom 5. Januar 1988, 608 (1988) vom 14. Januar 1988, 636 (1989) und 641 (1989) vom 30. August 1989 und höchst beunruhigt über den Beschluß der Regierung Israels, unter Verstoß gegen ihre Verpflichtungen aus dem Vierten Genfer Abkommen von 1949 3/ vier Palästinenser aus den besetzten Gebieten auszuweisen,

1. *dankt dem Generalsekretär für seinen Bericht;*
2. *bringt seine ernste Besorgnis zum Ausdruck über die Zurückweisung der Resolutionen des Sicherheitsrats 672 (1990) vom 12. Oktober 1990 und 673 (1990) durch Israel;*

3. mißbilligt den Beschluß der Regierung der Besatzungsmacht Israel, von neuem mit der Ausweisung palästinensischer Zivilisten in den besetzten Gebieten zu beginnen;

4. bittet die Regierung Israels nachdrücklich anzuerkennen, daß das Vierte Genfer Abkommen von 1949 de jure auf alle von Israel seit 1967 besetzten Gebiete Anwendung findet, und sich genauestens an die Bestimmungen dieses Abkommens zu halten;

5. fordert die Hohen Vertragsparteien des Vierten Genfer Abkommens von 1949 auf, im Einklang mit Artikel 1 des Abkommens dafür Sorge zu tragen, daß die Besatzungsmacht Israel ihre Verpflichtungen aus dem Abkommen einhält;

6. ersucht den Generalsekretär, in Zusammenarbeit mit dem Internationalen Komitee vom Roten Kreuz den in seinem Bericht über die Einberufung eines Treffens der Hohen Vertragsparteien des Vierten Genfer Abkommens dargelegten Gedanken weiterzuentwickeln und mögliche Maßnahmen zu erörtern, die von diesen nach dem Abkommen ergriffen werden könnten, und zu diesem Zweck die Parteien bitten, ihre Auffassungen zu der Frage, wie dieser Gedanke zu den Zielen des Abkommens beitragen könnte, sowie zu anderen einschlägigen Fragen zu unterbreiten, und dem Rat darüber Bericht zu erstatten;

7. ersucht den Generalsekretär außerdem, unter dringlicher Einleitung neuer diesbezüglicher Bemühungen die Situation hinsichtlich der palästinensischen Zivilbevölkerung unter israelischer Besatzung zu verfolgen und zu beobachten sowie, soweit dies zur Erfüllung dieser Aufgaben notwendig ist, das Personal und die Ressourcen der Vereinten Nationen sowie sonstiges Personal und sonstige Ressourcen, die sich in dem Gebiet und anderswo befinden, einzusetzen beziehungsweise entsprechend zu bestimmen und heranzuziehen, und den Sicherheitsrat regelmäßig zu unterrichten;

8. ersucht den Generalsekretär ferner, dem Sicherheitsrat bis zur ersten Märzwoche 1991 einen ersten und danach alle vier Monate einen weiteren Sachstandsbericht vorzulegen, und beschließt, mit der Angelegenheit den Erfordernissen entsprechend befaßt zu bleiben.«

Ein interner Problembereich der israelischen Wirtschaft liegt in der Verflechtung zwischen Staat und Wirtschaft. Vor allem in den staatlichen und gewerkschaftseigenen Unternehmen, die zusammen fast 50 Prozent des Bruttosozialproduktes erwirtschaften, wurden über Jahre Effizienzkriterien vernachlässigt mit dem Bewußtsein, der Staat werde zusätzliche Subventionen schon freimachen. Andrerseits können gefährdete Großunternehmen oder die hochverschuldeten Kibbuzim aus stabilitätspolitischen Gründen kaum in den Konkurs geschickt werden. Von der bislang schwersten Rezession Mitte der achtziger Jahre, mit einer Inflationsrate von annähernd 200 Prozent, erholte sich die israelische Wirtschaft nur sehr langsam. Zwei besseren Jahren 1986 und 1987 folgten zwei weitere, in denen sowohl die Industrieproduktion und die Investitionen als auch der private Verbrauch wieder zurückgingen. Trotzdem gelang es, das Handelsbilanzdefizit zu verringern: von 3,22 Milliarden US-Dollar 1988 auf 2,81 Milliarden US-Dollar 1989. Hauptstützen bilden dabei die Exporte technologieintensiver Industrieprodukte. Der Anteil landwirtschaftlicher Ausfuhren sank von 16 auf 7 Prozent. Ohne die einseitigen Transferzahlungen von jährlich 4,5 Milliarden US-Dollar, vor allem aus den USA, wäre das Defizit indes nicht finanzierbar. Ergebnis der Probleme der israelischen Volkswirtschaft: Das Land ist mit seinen 4,7 Millionen Einwohnern und 25 Milliarden US-Dollar Schulden der höchste Pro-Kopf-Schuldner der Erde.

Die Krise und der Krieg am Golf, die noch immer andauernde Intifada und die riesige Zahl jüdischer Einwanderer aus der UdSSR bilden für Israel die größten Herausforderungen seit der Gründung. Der Zionismus hat durch die sowjetischen Einwanderer einen neuen Schub erhalten, und ihre Integration mobilisiert enorme Anstrengungen und Opferbereitschaft in der Bevölkerung. Gleichzeitig haben die irakischen Raketen die tödliche Gefahr durch den Machthaber in Bagdad, aber auch die Verletzbarkeit des jüdischen Staates offenbart. Die von den Palästinensern bekundeten Sympathien für Hussein verringern darüber hinaus die Aussichten für alle, im israelisch-palästinensischen Konflikt erfolgreich zu vermitteln. Erst die Lösung dieses Konfliktes indes wird den Israelis ein friedlicheres Leben im Nahen Osten ermöglichen.

Der arabisch-israelische Konflikt
Komplexe, Angst und ständige Bedrohung

Es kann nur bei einem Versuch bleiben, Anfang und Ursache des arabisch-israelischen Konfliktes zu benennen. Während die beginnende Einwanderung der Juden nach Palästina einen Ausgangspunkt markiert, zählen der wachsende Antisemitismus Ende des letzten Jahrhunderts in Europa, die Politik der europäischen Kolonialmächte gegenüber Arabern und Zionisten sowie - auf schrecklichste Weise - der Holocaust und die sich dadurch zumindest beschleunigende Gründung Israels zu den Ursachen des Konflikts.

Die erste große Welle jüdischer Einwanderer sprach hebräisch: Aliyah kam 1882 nach Palästina. In vier weiteren Schüben trafen bis 1939 knapp 400 000 Juden ein. In der Folge änderten sich von 1880 bis 1947 die Zahl der in Palästina lebenden Bevölkerung und das demographische Verhältnis zwischen Juden und Muslimen: Während vor Ankunft der ersten Einwanderungswelle 350 000 Menschen, davon 27 000 jüdischen Glaubens, in Palästina lebten, waren es kurz vor der Unabhängigkeit Israels 1 933 000 Menschen, davon 614 000 Juden. Der Anteil der Juden stieg von knapp zehn auf 30 Prozent. Die 1922 gegründete Jewish Agency hatte durch ihre Landkäufe großen Anteil an der Masseneinwanderung. Der Krieg und ein gewaltiger palästinensischer Flüchtlingsstrom verringerten in erster Linie weiter den Anteil der arabischen und zumeist muslimischen Bevölkerung. Im Dezember 1949 lebten im Staat Israel über eine Million Juden und knapp 100 000 Muslime.

Als Erklärung für die Ursache des Konfliktes reicht die Bevölkerungsentwicklung freilich nicht aus. Ohne die Pogrome und den wachsenden Antisemitismus in Europa wäre der Zionismus als politische und national-jüdische Bewegung nicht so schnell gewachsen. Unter dem Eindruck der Ende des vergangenen Jahrhunderts wieder zunehmenden Verfolgung kam der Wiener Jurist Theodor Herzl zu dem Schluß, nur ein unabhängiger jüdischer Staat könne das Leid beenden. Mehrere Orte, auch Gebiete in Uganda oder Argentinien wurden diskutiert. Auf dem 1. Zionistischen Weltkongreß in Basel 1897 zeichnete sich jedoch ab, daß es nur ›Eretz Israel‹ das Land der biblischen Vorfahren sein konnte. Herzl erklärte noch in der Schweiz: »In Basel habe ich den Judenstaat gegründet. Vielleicht in fünf Jahren, jedenfalls in fünfzig Jahren wird es jeder einsehen.« 51 Jahre später, im Mai 1948, wurde Israel unabhängig.

Ein weiterer Faktor ist die Politik Großbritanniens Anfang dieses Jahrhunderts. Die britische Diplomatie orientierte sich ganz nach ihren eigenen Interessen und spielte im Verlauf des Ersten Weltkrieges Araber und Zionisten gegeneinander aus. Im Oktober 1915, als die Briten am Suez-Kanal in Schwierigkeiten gerieten, stellte der britische Hochkommissar Henry McMahon dem Scherifen Hussein von Mekka ein eigenes arabisches Reich in weiten Teilen Palästinas in Aussicht. Sein Ziel: im Krieg gegen die Türken benötigte er die Allianz der Araber. Zwei Jahre später, im November 1917, sicherte der britische Außenminister Arthur Balfour den Zionisten die Unterstützung bei der Errichtung einer jüdischen Heimstatt zu: ebenfalls in Palästina. Einerseits wollte er sich dem für die britische Rüstungsindustrie bedeutenden Chemiker und Präsidenten der Zionistischen Föderation in England, Chaim Weizmann, erkenntlich zeigen; jenem Chaim Weizmann, der erster Staatspräsident Israels werden sollte. Andererseits hoffte er auf die Hilfe der jüdischen Gemeinde in den USA, die Regierung in Washington zu einem stärkeren Kriegseinsatz zu bewegen. Im französisch-britischen Sykes-Picot-Abkommen, das die Alliierten bereits im Mai 1916 ausgehandelt hatten, war das tatsächliche Schicksal Palästinas ohne Juden und Araber entschieden worden: Es wurde in ein britisches und ein französisches Mandat, sowie eine internationale Zone um Jerusalem aufgeteilt. Obwohl sich Chaim Weizmann und Emir Feisal, der Sohn des Sherifen von Mekka, im Januar 1919 auf die Grundzüge eines arabischen Reiches und einer jüdischen Heimstatt einigten, fixierten Franzosen und Briten im April 1920 die Aufteilung der Region: Libanon und Syrien sollten französisches Mandatsgebiet werden, Palästina und Mesopotamien britisches. Fazit: die einheimische Bevölkerung wurde nicht gefragt, allenfalls benützt. Die von den Kolonialmächten geschaffene politische Landkarte entbehrte jeder Legitimation durch die Völker des Nahen Ostens.

Damit war der Boden bereitet für die Gewalt, die sich in immer heftigeren Auseinandersetzungen zwischen Arabern, Juden und der Mandatsmacht England entlud. Nachdem die arabische Seite auch den UN-Teilungsplan für Palästina vom 29. November 1947 abgelehnt hatte, kam es zu einer Revolte, die sich nach der Unabhängigkeitserklärung Israels durch David Ben-Gurion am 14. Mai 1948 zum ersten arabisch-israelischen Krieg entwickelte.

Spätestens mit dem Waffenstillstand im Frühjahr 1949 war die Existenz Israels zur unverrückbaren Realität geworden. Das für die Araber ernüchternde Ergebnis hatte für sie wie für die Israelis nachhaltige Auswirkungen: In den arabischen Staaten weckte die gegen den vermeintlich schwächeren Gegner erlittene Niederlage einen Komplex, Israel unterlegen zu sein. Spätere Niederlagen während der Suez-Krise im Herbst 1956 und im Juni 1967 steigerten dieses Gefühl. Erst die anfänglichen Erfolge während des Yom-Kippur-Krieges im Oktober 1973 konnten diesen Komplex etwas abschwächen. Bei den Israelis verfestigte sich hingegen durch den arabischen ›Überfall‹ das Gefühl der ›ständigen Bedrohung‹, das in der jüdischen Geschichte angelegt und durch den Holocaust zur grausamen Wirklichkeit geworden war. Nur so läßt sich das Bedürfnis der Israelis nach totaler Sicherheit erklären. Die enorme Aufrüstung und die bislang demokratisch nicht zu überwindende starre Haltung in Bezug auf die besetzten Gebieten findet hier ihre Wurzeln.

Viermal noch eskalierte der arabisch-israelische Konflikt zum offenen Krieg. Und jedes Mal veränderte sich das politische Gefüge. Im Verlauf der Suez-Krise drangen israelische zusammen mit britischen und französischen Truppen bis an den Suez-Kanal vor, nachdem der äygptische Präsident Gamal Abdel Nasser den Kanal verstaatlicht hatte. Auf Druck der Amerikaner mußten sie sich bald wieder zurückziehen. Der militärische Erfolg war somit gering. Durch die Allianz mit den ehemaligen Kolonialmächten nährten die Israelis jedoch den Haß der arabischen Welt und deren Interpretation, daß der jüdische Staat das aufgezwungene Resultat der Kolonialzeit sei.

Einen wichtigen Einschnitt stellte der Sechs-Tage-Krieg im Juni 1967 dar. Die Israelis erzielten in dem Präventivkrieg erhebliche Landgewinne im Sinai, in der Westbank und auf den Golanhöhen. Der jüdische Staat wurde zur Besatzungsmacht; das Schicksal der heute 1,6 Millionen Palästinenser in den besetzten Gebieten und der in viele Länder verstreuten Flüchtlinge rückte in den Vordergrund. Gleichzeitig offenbarte sich in dieser Niederlage die Ohnmacht der arabischen Staaten. Israel schien unbezwingbar. Allein die Guerillataktik der 1964 gegründeten PLO versprach Erfolg gegen den übermächtigen Gegner. Entsprechend führten die Kämpfer der PLO, die ab Januar 1969 von Yassir Arafat geführt wurden, bis zu ihrer Vertreibung aus Jordanien und danach aus dem Libanon Attacken und Terroranschläge gegen Israel durch.

Den Nimbus der Unbesiegbarkeit verloren die Israelis in den ersten Tagen des Oktoberkrieges 1973, als die arabischen Staaten erstmals Erfolge gegen die überraschten Israelis erzielen konnten. Die 1967 verlorenen Gebiete konnten sie indes nicht zurückgewinnen.

Im Libanon-Feldzug der Israelis schließlich, der 1982 begann und 1985 mit dem ruhmlosen Rückzug endete, wollte die israelische Armee, allen voran Verteidigungsminister Ariel Scharon, die PLO endgültig aus dem nördlichen Nachbarstaat vertreiben. Der Erfolg blieb von kurzer Dauer. Heute haben sich zahlreiche Einheiten der palästinensischen Befreiungsbewegung wieder im Süden des Landes etabliert. Die von den Israelis seit der Invasion beanspruchte zehn Kilometer breite Sicherheitszone bietet höchstens einen partiellen, zusätzlichen Schutz.

Darüber hinaus verlor Israel mit diesem Feldzug das Image des David gegenüber dem arabischen Goliath. Ein Image, das seit dem Ausbruch der Intifada im Dezember 1987 eher die Palästinenser in den besetzten Gebieten für sich in Anspruch nehmen. Dieser Aufstand gegen die israelische Besatzung hält nach wie vor an. Am Status der Gebiete und an der aussichtslosen Situation der Bevölkerung konnte er bislang jedoch nichts ändern. Die in den ersten Monaten erzielten diplomatischen Erfolge, die im Dezember 1988 in der Aufnahme eines Dialoges zwischen den USA und der PLO gipfelten, endeten im Juni 1990. In Israel konnte sich nach schweren innenpolitischen Auseinandersetzungen die starre Haltung des regierenden rechtskonservativen Likudblockes durchsetzen; in der PLO gewann ein radikalerer Kurs wieder die Oberhand.

In seiner über vierzigjährigen Geschichte konnte Israel bis heute nur mit einem arabischen Land Frieden schließen: mit Ägypten.

Die Intifada: Im Blickfeld israelischer Soldaten schwenkt der Palästinenser die eigene Flagge. (dpa/epa)

Der Auslöser war die Reise des äygptischen Staatspräsidenten Anwar al-Sadat nach Jerusalem am 19. und 20. November 1977. Nach langwierigen Verhandlungen und unter Vermittlung des amerikanischen Präsidenten Jimmy Carter kam es im September 1978 zu den beiden Rahmenabkommen von Camp David und am 26. März 1979 zur Unterzeichnung des Friedensvertrages. Ein umfassender Friede in der Region war damit indes nicht verbunden. Im Gegenteil: die arabischen Staaten schlossen sich auf der Konferenz von Bagdad im Oktober 1978 noch enger zusammen. Ägypten wurde aus der Arabischen Liga ausgeschlossen, und die finanzkräftigen Golfanrainer erhöhten ihre Unterstützung für die »Frontstaaten« Syrien und Jordanien. Die Israelis legten ihr Augenmerk, nachdem ihnen kein Zwei-Fronten-Krieg mehr drohte, eher auf die Erhaltung des Status quo. Weitere Gebietskompromisse lehnten sie nicht nur ab, sondern erklärten am 30. Juli 1980 Jerusalem zur ungeteilten Hauptstadt Israels, und dehnten am 14. Dezember 1981 die eigene Verwaltung auf die Golanhöhen aus. Das kam einer Annexion Ost-Jerusalems und des seit Juni

1967 besetzten syrischen Gebietes gleich. Eine Reaktion der arabischen Staaten auf dieses provokative und völkerrechtswidrige Verhalten der Israelis blieb aus, weil sie ohne Ägypten militärisch zu schwach waren. Außerdem verlagerte sich ihre Aufmerksamkeit: Seit Ausbruch des iranisch-irakischen Krieges im September 1980 konzentrierten sie sich vorrangig auf die Entwicklungen am Golf. Der Konflikt mit Israel rückte in den Hintergrund. Bis zum Beginn der Intifada und dem Ende des Iran-Irak-Krieges am 22. August 1988 war die unmittelbare Bedrohung für den jüdischen Staat dadurch erheblich gesunken.

Die Entwicklungen im Verlauf der aktuellen Krise am Golf offenbaren, daß der arabisch-israelische Konflikt nichts von seiner Brisanz und Gefährlichkeit verloren hat. Saddam Hussein gelang es zumindest bei einem Teil der arabischen Bevölkerung, anti-israelische Emotionen zu schüren. Solange der Konflikt zwischen Israelis und Arabern ungelöst, das Selbstbestimmungsrecht der Palästinenser mithin unerfüllt bleibt, werden ähnliche Versuche nach wie vor Erfolg haben. Die Raketenangriffe der Iraker haben darüber hinaus gezeigt, wie verletzlich Israel trotz einer modernen und hochgerüsteten Armee ist und auf unabsehbare Zeit bleiben wird.

Die westlichen Mitglieder der anti-irakischen Allianz lehnten eine Verknüpfung der Kuwait-Krise und des palästinensisch-israelischen Konfliktes ab. Nach dem Ende des Krieges jedoch sollte im Interesse der Araber wie der Israelis eine Lösung nicht mehr aufgeschoben werden.

Das Abkommen von Camp David

(September 1978)

Muhammed Anwar Al-Sadat, Präsident der Arabischen Republik Ägypten, und Menachem Begin, Ministerpräsident von Israel, konferierten vom 5. bis 17. September mit Jimmy Carter, dem Präsidenten der Vereinigten Staaten von Nordamerika, in Camp David und einigten sich auf den folgenden Rahmen für den Frieden im Nahen Osten. Sie laden die anderen Parteien im arabisch-israelischen Konflikt ein, diesen einzuhalten.

(...) sind die Parteien entschlossen, eine gerechte, umfassende und dauerhafte Lösung des Konflikts im Nahen Osten durch den Abschluß von Friedensverträgen zu erreichen. (...) Sie stimmen deshalb darin überein, daß dieser Rahmen angemessenerweise von ihnen so konzipiert ist, daß er eine Grundlage für den Frieden nicht nur zwischen Ägypten und Israel, sondern auch zwischen Israel und jedem anderen Nachbar abgibt, der bereit ist, Frieden auf dieser Basis mit Israel zu vereinbaren. Mit diesem Ziel vor Augen sind sie übereingekommen, folgendermaßen zu verfahren.

A. Westufer und Gaza

I.

Ägypten, Israel, Jordanien und Vertreter des palästinensischen Volkes sollen an Verhandlungen zur Regelung des palästinensischen Problems in allen seinen Aspekten teilnehmen. Um dieses Ziel zu erreichen, sollen die Verhandlungen in Bezug auf das Westufer und Gaza in drei Phasen vonstatten gehen:

(A) Ägypten und Israel stimmen überein, daß Übergangsregelungen für das Westufer und Gaza zur Gewährleistung eines friedlichen und geordneten Übergangs der Autorität und in Rücksicht auf die Sicherheitserfordernisse aller Parteien auf den Zeitraum von höchstens fünf Jahren beschränkt werden sollen. Um den Bewohnern die volle Autonomie zu gewähren, werden gemäß diesen Regelungen die israelische Militärregierung und Zivilverwaltung abgezogen, sobald sich Bewohner dieser Gebiete in freien Wahlen eine Selbstverwaltung gegeben haben, die die bestehende Militärregierung ablöst. (...)

(B) Ägypten, Israel und Jordanien sollen die Modalitäten für die Errichtung der gewählten Selbstverwaltungsbehörden auf dem West-

ufer und in Gaza vereinbaren. Die Delegationen Ägyptens und Jordaniens können Palästinenser vom Westufer und von Gaza oder, im gegenseitigen Einvernehmen, auch andere Palästinenser einschließen. Die Parteien werden vereinbaren, welche Befugnisse und Verantwortungen die Selbstverwaltung auf dem Westufer und in Gaza ausüben soll. Ein Rückzug israelischer Streitkräfte und eine Neu-Dislozierung verbleibender israelischer Truppen auf namhaft gemachte Sicherheitsstandorte sollen erfolgen. (...)

(C) Sobald die Selbstverwaltungsbehörde (Verwaltungsrat) im Gebiet des Westufers und von Gaza errichtet ist und ihre Tätigkeit aufgenommen hat, beginnt der Übergangszeitraum von fünf Jahren. Es sollen so rasch wie möglich, aber nicht später als im dritten Jahr nach Beginn des Übergangszeitraums, Verhandlungen stattfinden, um den endgültigen Status des Westufers und Gazas und deren Verhältnis zu ihren Nachbarn festzulegen und einen Friedensvertrag zwischen Israel und Jordanien bis Ende des Übergangszeitraums abzuschließen. An diesen Verhandlungen sollen Ägypten, Israel, Jordanien und gewählte Vertreter der Bewohner des Gebietes des Westufers und Gazas teilnehmen. (...) Die Verhandlungen werden unter anderem den genauen Verlauf der Grenzen und die Gestalt der Sicherheitsvorkehrungen festlegen. Die in diesen Verhandlungen zu treffende Regelung muß auch den legitimen Rechten des palästinensischen Volkes und seinen rechtmäßigen Bedürfnissen Rechnung tragen. Auf diese Weise werden die Palästinenser an der Entscheidung über ihre eigene Zukunft beteiligt – durch:

1) *Verhandlungen unter Ägypten, Israel, Jordanien und Vertretern der Bewohner des Westufers und Gazas mit dem Ziel, sich auf den endgültigen Status des Westufers und Gazas und die Regelung anderer offener Fragen bis Ende des Übergangszeitraums zu einigen;*
2) *die Unterwerfung ihrer Übereinkunft unter das Votum der gewählten Vertreter der Bewohner des Westufers und Gazas;*
3) *die Stellung von gewählten Vertretern der Bewohner des Westufers und Gazas, die darüber entscheiden, wie sie sich in Einklang mit den Bestimmungen ihrer Übereinkunft selbst regieren wollen;*
4) *die Teilnahme, wie vorstehend dargelegt, an der Arbeit des Ausschusses, der einen Friedensvertrag zwischen Israel und Jordanien aushandelt.*

II.

Es werden alle notwendigen Maßnahmen und erforderlichen Vorkehrungen getroffen, um die Sicherheit Israels und seiner Nachbarn während des Übergangszeitraums und in der Zeit danach zu gewährleisten. (...)

III.

Für den Übergangszeitraum werden Vertreter Ägyptens, Israels, Jordaniens und der Selbstverwaltungsbehörde einen Ständigen Ausschuß bilden, der eine Vereinbarung über die Modalitäten der Zulassung von Personen, die 1967 vom Westufer und Gaza vertrieben wurden, und über die zur Verhütung von Unruhen und Aufruhr notwendigen Maßnahmen zustande bringen soll. (...)

IV.

Ägypten und Israel werden miteinander und mit anderen interessierten Parteien in dem Bemühen zusammenarbeiten, gemeinsam vereinbarte Verfahrensregeln für eine umgehende, gerechte und dauerhafte Verwirklichung der Lösung des Flüchtlingsproblems zu treffen.

B. Ägypten Israel

I.

Ägypten und Israel verpflichten sich, zur Regelung von Streitfragen nicht auf die Androhung oder Anwendung von Gewalt zurückzugreifen. (...)

II.

Um Frieden zwischen ihnen herbeizuführen, kommen die Parteien überein, in Treu und Glauben und mit dem Ziel miteinander zu verhandeln, innerhalb von drei Monaten nach Unterzeichnung dieser Rahmenvereinbarung einen Friedensvertrag vorzulegen und andere Konfliktparteien aufzufordern, parallel hierzu miteinander zu verhandeln und ähnliche Friedensverträge in der Absicht auszuhandeln, einen umfassenden Frieden in diesem Gebiet zu erreichen.

Der Friedensvertrag zwischen Ägypten und Israel

(März 1979)

Präambel

Die Regierung der Arabischen Republik Ägypten und die Regierung des Staates Israel:
überzeugt von der dringlichen Notwendigkeit der Schaffung eines gerechten umfassenden und dauerhaften Friedens im Nahen Osten und in Übereinstimmung mit den Resolutionen 242 und 338 des Weltsicherheitsrates;
versichern erneut ihr Festhalten an dem am 17. September 1978 in Camp David vereinbarten ›Rahmen für einen Frieden im Nahen Osten‹;
weisen darauf hin, daß der oben genannte Rahmen eine geeignete Basis für einen Frieden nicht nur zwischen Ägypten und Israel, sondern auch zwischen Israel und jedem seiner anderen arabischen Nachbarländer schaffen soll, die bereit sind, mit Israel auf dieser Basis Friedensverhandlungen zu führen;
mit dem Wunsch nach einer Beendigung des Kriegszustandes zwischen ihnen und der Schaffung eines Friedens, in dem jeder Staat in diesem Gebiet in Sicherheit leben kann;
in der Überzeugung, daß der Abschluß eines Friedensvertrages zwischen Ägypten und Israel ein wichtiger Schritt bei der Suche nach einem umfassenden Frieden in diesem Gebiet sowie für die Beilegung des arabisch-israelischen Konfliktes in all seinen Aspekten ist;
laden die anderen an diesem Streitfall beteiligten arabischen Parteien ein, sich am Friedensprozeß mit Israel zu beteiligen, der an den Grundsätzen des oben genannten Rahmens orientiert und darauf gegründet ist;
wünschen ebenso gegenseitige Beziehungen und Zusammenarbeit in Übereinstimmung mit der Charta der Vereinten Nationen und des Völkerrechts, die die internationalen Beziehungen in Friedenszeit regeln;
stimmen in freier Ausübung ihrer Souveränität den folgenden Bestimmungen zu, um den ›Rahmen für den Abschluß eines Friedensvertrages zwischen Ägypten und Israel‹ zu erfüllen:

Artikel 1

1. *Der Kriegszustand zwischen den Vertragsparteien wird beendet, und zwischen ihnen wird nach Austausch der Ratifikationsurkunden dieses Vertrages Frieden geschaffen,*
2. *Israel wird all seine Streitkräfte und Zivilisten vom Sinai hinter die internationale Grenze zwischen Ägypten und Mandatspalästina zurückziehen, wie es im beigefügten Protokoll (Anhang I) vorgesehen ist, und Ägypten wird die Ausübung seiner vollen Souveränität über den Sinai wieder aufnehmen.*

3. Nach Ablauf des in Anhang I vorgesehenen Interims-Abzuges werden die Vertragsparteien in Übereinstimmung mit Artikel III normale und freundschaftliche Beziehungen aufnehmen.

Artikel II

Die ständige Grenze zwischen Ägypten und Israel ist die anerkannte internationale Grenze zwischen Ägypten und dem ehemaligen Mandatsgebiet Palästina, wie dies auf der Karte von Anhang II dargestellt ist, ohne Präjudizierung der Frage des Status des Gaza-Streifens. Die Vertragsparteien erkennen diese Grenze als unverletzlich an. Jede wird die territoriale Integrität der anderen respektieren, einschließlich ihrer Hoheitsgewässer und ihres Luftraums.

Artikel III

1. Die Vertragsparteien werden zwischen sich die Bestimmungen der Charta der Vereinten Nationen und die Grundsätze des Völkerrechts hinsichtlich der Beziehung zwischen Staaten in Friedenszeiten anwenden. Insbesondere:
   a) Erkennen sie die Souveränität, territoriale Integrität und politische Unabhängigkeit des anderen an und werden sie respektieren;
   b) erkennen sie das Recht des anderen an, innerhalb sicherer und anerkannter Grenzen in Frieden zu leben, und werden dieses Recht respektieren;
   c) werden sie sich der Drohung oder der Anwendung von Gewalt, direkt oder indirekt gegen den anderen enthalten und werden alle Streitfragen zwischen sich auf friedliche Weise regeln.

2. Jede Vertragspartei garantiert, daß keine kriegerischen Handlungen und Drohungen, Feindseligkeiten oder Gewalt von ihrem Territorium aus gegen die Bevölkerung, die Bürger oder das Eigentum der anderen Vertragspartei verursacht oder begangen werden, weder von ihrer Kontrolle unterstehenden Streitkräfte noch von irgendwelchen anderen auf ihrem Territorium stationierten Streitkräften. (...)

3. Die Vertragsparteien stimmen darin überein, daß normale Beziehungen zwischen ihnen die volle Anerkennung, diplomatische, wirtschaftliche und kulturelle Beziehungen, die Beendigung des wirtschaftlichen Boykotts sowie die Beseitigung diskriminierender Schranken für den freien Verkehr von Menschen und Waren einschließen werden und garantieren den Bürgern den Genuß des rechtlichen Schutzes. (...)

Für die Regierung der Arabischen Republik Ägypten: (gez.) Sadat
Für die Regierung Israels: (gez.) Begin
Bezeugt durch Jimmy Carter, Präsident der Vereinigten Staaten.

(dpa)

US-Marines in Saudi-Arabien: Der Golfkrieg steht kurz bevor.

Die Ursachen des Golfkrieges

Das Ende des Iran-Irak-Kriegs im August 1988 bedeutete für den Irak den Anfang gewaltiger wirtschaftlicher Probleme: Der achtjährige Kampf hatte das Land vor allem wirtschaftlich geschwächt. Etwa 150 Milliarden Dollar ließ sich die irakische Führung den Krieg kosten. Davon wurden rund 70 Milliarden Dollar aus dem Säckel der arabischen Golfstaaten bestritten. Allein Kuwait ›spendete‹ zehn Milliarden Dollar. Hinter der Spendenfreude stand jedoch Eigennutz: Der irakische Angriff kam den Prinzen zur rechten Zeit. Einerseits bot er die Chance, daß es nicht zu einem ›Export‹ der islamischen Revolution in die konservativen Feudalstaaten des Golfs kam, andererseits lenkte er die vom Irak ausgehende militärische Bedrohung auf ein anderes Land ab.

Nach dem Waffenstillstand stellten die arabischen Golfstaaten ihre Zahlungen an den Irak ein. Dieser Umstand, verbunden mit dem rasanten Ölpreisverfall, brachte den Irak finanziell in eine äußerst schwierige Situation: Jeder für ein Barrel Rohöl weniger erlöste Dollar bedeutete rund eine Milliarde Dollar Verlust für die irakische Wirtschaft. Die geringen Exporteinnahmen hinderten Hussein jedoch nicht, auch nach dem Waffenstillstand die militärische Schlagkraft seiner Armee auszubauen.

So hatte es vor allem für den Irak Sinn, daß im Juli 1990 alte Grenzstreitigkeiten mit Kuwait von neuem aufflackerten. Der Grund: das Ölfeld von Rumaila. Dieses rund 80 Kilometer lange Ölfeld zieht sich von Nord nach Süd, wobei es nur zu drei Kilometern unter kuwaitischer Erde liegt. Mit Hilfe schräg angesetzter Bohrungen war es den Kuwaitis jedoch gelungen, Öl auch aus dem irakischen Teil abzuzapfen.

Die Iraker fühlten sich betrogen. Im Mai 1990 warf Hussein unter anderem den Kuwaitis vor, »einen Krieg gegen den Irak« zu führen, weil sie sich nicht an die vereinbarten OPEC-Förderquoten hielten. Am 15. Juli 1990 forderte Saddams Außenminister Tarik Aziz auch noch den totalen Schuldenerlaß durch die Kuwaitis und zusätzliche Entschädigungszahlungen für das von Kuwait aus dem Rumaila-Feld abgezapfte Öl in Höhe von 2,4 Milliarden Dollar. Aziz beschuldigte Kuwait der Komplizenschaft mit »fremden Mächten«. Der Irak solle so wegen seines Engagements in der »palästinensischen Sache« destabilisiert werden. Vermittlungsversuche des ägyptischen Präsidenten Mubarak und eine eiligst anberaumte OPEC-Konferenz am 27. Juli blieben erfolglos.

Vier Tage später legte der Irak noch kräftig zu: Er bestand auf eine Grenzkorrektur. Nicht nur das Rumaila-Feld, sondern auch zwei strategisch wichtige Golfinseln (Warba, Bubiyan) sowie ein kuwaitischer Küstenstreifen sollten dem Irak übereignet werden. Hintergrund dieser Forderung: Der Irak hat keinen Tiefseehafen. Für ein Land, das auf Ölexporte angewiesen ist, ist das bitter. Der Export muß über dem Landweg durchgeführt werden, was wiederum Abhängigkeit von den Nachbarstaaten bedeutet. So ließ der syrische Präsident Assad wegen ideologischer Differenzen 1982 die irakische Pipeline durch sein Land sperren. Der Irak war gezwungen, eine neue Pipeline durch Saudi-Arabien zu bauen, um nicht vollständig von der türkischen Pipeline oder dem Landtransport ins jordanische Akaba abhängig zu sein.

Die Territorialforderungen Iraks waren für die Kuwaitis jedoch unannehmbar. 48 Stunden später marschierten die irakischen Truppen in Kuwait ein.

Die Aussicht, durch die Besetzung Kuwaits ungehinderten Zugang zum Meer zu erhalten, dürfte bei der Entscheidung zum Einmarsch eine ebenso bedeutende Rolle gespielt haben, wie der Anspruch Saddam Husseins, als *der* arabische Führer aufzutreten. In der irakischen Propaganda war die Besetzung Kuwaits denn auch eine pan-arabische Tat zur Überwindung der »kolonialen Landkarte der arabischen Zersplitterung«.

Chronik des Golfkonflikts

17. Juli 1990: Parallel zur OPEC-Konferenz beschuldigt Saddam Hussein Kuwait, im Grenzgebiet ein irakisches Ölfeld angebohrt zu haben. Zudem überschreite Kuwait die von der OPEC festgesetzten Ölfördermengen. Er läßt 30 000 Soldaten an der Grenze aufmarschieren.

2. August 1990: In einem Blitzkrieg besetzen irakische Truppen das Emirat Kuwait. Eine neue Regierung wird eingesetzt. Die Aggression wird international verurteilt.

3. August 1990: Radio Bagdad meldet den Rückzug der irakischen Truppen aus Kuwait.

4. August 1990: US-Präsident Bush sieht keinen Beweis für den Rückzug der irakischen Truppen. Die eingesetzte Militärregierung in Kuwait droht mit Geiselnahme.

7. August 1990: Saddam Hussein rechtfertigt die Besetzung als »Antwort auf ausländische Drohungen«, durch die die »koloniale Teilung beendet« worden sei. Die von Bagdad installierte »provisorische Regierung des freien Kuwaits« ruft die Republik aus und erklärt das Fürstenregime für »immer abgeschafft«.

8. August 1990: Der Revolutionsrat der Baath-Partei verkündet die Annexion Kuwaits.

9. August 1990: Der UN-Weltsicherheitsrat erklärt die Annexion einstimmig für null und nichtig. Irak schließt die Grenzen für Ausländer. UNO und EG beschließen ein Handelsembargo gegen Irak.

10. August 1990: In einer Fernsehansprache ruft Saddam Hussein zum »Heiligen Krieg« und zur »Befreiung« der heiligen Stätten des Islam in Mekka auf. Irak verstärkt seine Truppen in Kuwait auf 50 000 Soldaten.

11. August 1990: Saddam Hussein stellt den bedingungslosen Rückzug der israelischen Streitkräfte aus Palästina, Syrien und Libanon als Bedingung für den eigenen Truppenabzug.

12. August 1990: Inzwischen sind rund 10 000 amerikanische Soldaten in Saudi-Arabien.

13. August 1990: US-Präsident George Bush kündigt an, die Handelssperre notfalls mit Gewalt zu verteidigen.

15. August 1990: Saddam Hussein erkennt den Algier-Vertrag von 1975 an. Friedenshindernisse zwischen Iran und Irak sollen beiseite geräumt werden.

17. August 1990: Irak und Iran tauschen Kriegsgefangene aus.

19. August 1990: Saddam Hussein macht die Freilassung ausländischer Geiseln vom Rückzug der US-Truppen abhängig.

20. August 1990: Die USA haben rund 45 000 Soldaten in Saudi-Arabien stationiert. Jordanien schließt vorübergehend die Grenze zum Irak.

25. August 1990: Der UN-Weltsicherheitsrat billigt den Militäreinsatz zur Durchsetzung von Wirtschaftssanktionen gegen den Irak. Saddam Hussein droht mit einem Blutvergießen im Falle eines Angriffs auf irakische Ziele.

28. August 1990: Per Dekret erklärt Saddam Hussein Kuwait zur irakischen Provinz. Er kündigt außerdem die Freilassung ausländischer Frauen und Kinder an.

29. August 1990: In Bagdad wird die Rationierung der Grundnahrungsmittel angekündigt. Saddam Hussein erklärt, ein Sieg der USA sei unrealistisch.

2. September 1990: Saddam Hussein läßt 700 Geiseln, Frauen und Kinder, ausreisen.

25. September 1990: Der UNO-Sicherheitsrat beschließt die Luftblockade des Irak.

29. Oktober 1990: Der UNO-Sicherheitsrat bekräftigt die harte Haltung gegenüber dem Irak und droht mit weiteren Sanktionen, auch mit der Anwendung militärischer Gewalt.

8. November 1990: Nach einem Besuch von Willy Brandt bei Diktator Saddam Hussein können 198 deutsche Geiseln nach Hause fliegen.

20. November 1990: Saddam Hussein ordnet die Freilassung aller 180 noch festgehaltenen Deutschen an.

29. November 1990: Der Sicherheitsrat der UNO verabschiedet die sogenannte »Gewaltresolution« Nr. 678. Der Irak wird darin ultimativ aufgefordert, seine Truppen bis zum 15. Januar aus Kuwait abzuziehen. Zwölf der 15 Mitglieder des UNO-Sicherheitsrates stimmen für die Resolution, nur Cuba und Jemen stimmen dagegen. Die Volksrepublik China enthält sich der Stimme.

Die Vereinigung

Kommuniqué des irakischen Revolutionären Kommandorates über die Vereinigung Kuwaits mit Irak, veröffentlicht am 8. August 1990 (Auszüge).

Der westliche Kolonialismus hat absichtlich bei der Markierung der Grenzen der Souveränität in jedem Staat darauf geachtet, daß alle arabischen Staaten schwach bleiben (...). Auch Irak ist von dem, was die anderen arabischen Staaten auf arabischem Boden ereilt hat, nicht verschont geblieben, als der Kolonialismus ihm einen Teil, nämlich Kuwait, weggenommen und somit Irak vom Meer abgeschnitten hat. (...)

Aufgrund der bestehenden Lage nach dem Sturz der As-Sabah-Herrschaft, (...) hat der Revolutionäre Kommandorat beschlossen, den Teil Kuwait zum Ganzen und zum Ursprung, zu Irak, zurückzuführen und die volle Vereinigung (...) herbeizuführen. (...) Wir sagen denjenigen, die die Reihen des Bösen zusammenschließen, daß die große Zahl von Appellen, die gegen uns gerichtet werden, uns davon nicht abhalten werden, (...) weiterhin die, die das Feuer schüren und mit dem Feuer spielen, aufmerksam zu verfolgen. (...)

(dpa)

Der britische Pilot John Peters wird im irakischen Fernsehen als Kriegsgefangener öffentlich vorgeführt.

Die UNO-Resolutionen gegen den Irak

2. August 1990: Resolution 660 des UN-Sicherheitsrates.

Der Sicherheitsrat, zutiefst beunruhigt über die Invasion Kuwaits durch die Streitkräfte des Iraks am 2. August 1990, feststellend, daß mit der irakischen Invasion Kuwaits ein Bruch des Weltfriedens und der internationalen Sicherheit vorliegt, tätig werdend nach Artikel 39 und 40 der Charta der Vereinten Nationen.

1. *verurteilt die irakische Invasion Kuwaits;*
2. *verlangt, daß Irak alle seine Streitkräfte unverzüglich und bedingungslos auf die Stellungen zurückzieht, in denen sie sich am 1. August befanden;*
3. *ruft Irak und Kuwait auf, unverzüglich eingehende Verhandlungen zur Lösung ihrer Differenzen aufzunehmen, und unterstützt alle diesbezüglichen Anstrengungen, insbesondere jene der Liga der arabischen Staaten;*
4. *beschließt je nach Bedarf erneut zusammenzutreten, um weitere Maßnahmen zu erwägen, die die Einhaltung dieser Resolutionen sicherstellen sollen.*

6. August 1990: Der Sicherheitsrat verhängt in Resolution 661 eine Handelsblockade gegen den Irak. Sowohl die Einfuhr als auch die Ausfuhr von Waren wird verboten. Kuba und Jemen enthalten sich der Stimme.

9. August 1990: Der Sicherheitsrat erklärt in Resolution 662 die Annexion Kuwaits einstimmig für null und nichtig.

18. August 1990: Der Sicherheitsrat fordert in Resolution 664 einstimmig die freie Ausreise für alle Ausländer aus dem Irak.

25. August 1990: der Sicherheitsrat gestattet in Resolution 665 einen beschränkten Marineeinsatz am Golf (Schiffskontrolle), um die Wirtschaftssanktionen durchzusetzen. Kuba und Jemen enthalten sich der Stimme.

13. September 1990: Der Sicherheitsrat erlaubt in Resolution 666 in Notfällen die Lieferung von Lebensmittel in den Irak und nach Kuwait, die durch die UNO oder ähnliche Organisationen verteilt werden sollen. Kuba und Jemen stimmen dagegen.

16. September 1990: Der Sicherheitsrat verurteilt in Resolution 667 einstimmig Truppeneinsätze der Iraker gegen ausländische Botschaften in Kuwait.

24. September 1990: Der Sicherheitsrat gibt in Resolution 669 einstimmig den Auftrag, Möglichkeiten der Unterstützung all jener Länder zu erarbeiten, die vom Handelsembargo Nachteile erleiden.

25. September 1990: Der Sicherheitsrat stoppt in Resolution 670 alle Flüge in den Irak und das besetzte Kuwait. Kuba stimmt dagegen.

29. Oktober 1990: Der Sicherheitsrat fordert in Resolution 674 alle Staaten auf, ihre finanziellen Verluste und die Menschenrechtsverletzungen als Folge der Besatzung zu dokumentieren.
Der UN-Generalsekretär wird beauftragt, sich um eine Friedenslösung zu bemühen. Kuba und Jemen enthalten sich.

28. November 1990: Der Sicherheitsrat bittet den UNO-Generalsekretär einstimmig, eine aus Irak herausgeschmuggelte Kopie des kuwaitischen Einwohnerregisters aufzubewahren.

29. November 1990: Resolution 678 des Sicherheitsrates der Vereinten Nationen.

Der Sicherheitsrat, (...)

1. *fordert, daß Irak die (...) Resolutionen in vollem Umfang erfüllt und beschließt unter Aufrechterhaltung aller seiner Entscheidungen, Irak eine letzte Gelegenheit im Sinne einer Gnadenfrist einzuräumen, dies zu tun;*
2. *ermächtigt die Mitgliedstaaten, die mit der Regierung von Kuwait zusammenarbeiten, für den Fall, daß Irak nicht bis zum 15. Januar 1991 die vorhergehenden Resolutionen (...) in vollem Umfang erfüllt, alle notwendigen Mittel anzuwenden, um die (...) Resolutionen umzusetzen und zu verwirklichen;*
3. *ersucht alle Staaten, den (...) ergriffenen Maßnahmen angemessene Unterstützung zu gewähren;*
4. *ersucht die betroffenen Staaten, den Rat regelmäßig über den Fortgang der (...) getroffenen Maßnahmen zu informieren;*
5. *beschließt, sich der Frage weiterhin anzunehmen.*

3. März 1991: Der UN-Sicherheitsrat verabschiedet die Resolution 686 über einen Waffenstillstand. Bedingungen: Anullierung aller irakischen Dekrete, die das besetzte Kuwait zur 19. Provinz erklärten, die Freilassung gefangener kuwaitischer Zivilisten, die Bekanntgabe der Minenfelder im Irak sowie die Annahme aller bisherigen Resolutionen.

30. November 1990: US-Präsident George Bush bietet dem Irak ein Gesprächsangebot an. Beide Parteien können sich jedoch nicht über einen gemeinsamen Termin einigen.

6. Dezember 1990: Saddam Hussein ordnet die Freilassung aller 2500 ausländischen Geiseln an. Die ersten verlassen zwei Tage später das Land.

12. Dezember 1990: Der sowjetische Außenminister Eduard Schewardnadse besucht den US-Präsidenten George Bush in Washington.

17. Dezember 1990: Der Besuch des irakischen Außenministers Tarik Aziz in Washington wird abgesagt.

23. Dezember 1990: Der ›Krieg der Worte‹ zwischen dem Irak und den USA eskaliert: US-Verteidigungsminister Richard Cheney droht für den Fall des irakischen Einsatzes von Chemiewaffen einen »vernichtenden und zerstörerischen Gegenschlag« der USA an. Cheneys irakischer Amtskollege Sadi Abbas kontert, daß sein Land zur Vernichtung aller »Aggressoren« bereit sei.

31. Dezember 1990: Der irakische Gesundheitsminister Abdel Salam Mohammed Said macht die UNO-Blockade für den Tod von 2182 Menschen verantwortlich. Sie seien an Nahrungsmittelmangel und unzureichender Medikamentenversorgung gestorben.

2. Januar 1991: US-Präsident George Bush schlägt Saddam Hussein ein Außenministertreffen zwischen dem 7. und 9. Januar in Genf vor.

3. Januar 1991: Die NATO entsendet eine mobile Einsatzgruppe in die Türkei, darunter auch 18 Kampfflugzeuge vom Typ Alpha Jet der bundesdeutschen Luftwaffe. Die Flugzeuge werden an der türkisch-irakischen Grenze stationiert. Der US-Rechnungshof legt Berechnungen vor, denen zufolge die »Operation Wüstenschild« auch ohne Kriegsausbruch rund 30 Milliarden Dollar kosten wird.

4. Januar 1991: Aus »Rücksicht auf die Weltmeinung« (Aziz) stimmt Bagdad dem Außenministertreffen in Genf zu.

6. Januar 1991: Saddam Hussein bleibt unnachgiebig: Er ruft zur »Schlacht aller Schlachten« und zur Befreiung Palästinas auf.

7. Januar 1991: Saddam Hussein droht bei einem eventuellen Krieg mit weltweiten Terroreinsätzen. Seine Rede vor den Kommandeuren der irakischen Armee beschließt er mit den Worten »der Sieg ist nahe«.

9. Januar 1991: Die Verhandlungen zwischen dem irakischen Außenminister Tarik Aziz und dem US-Außenminister James Baker in Genf scheitern nach mehrstündigen Gesprächen.

10. Januar 1991: UNO-Generalsekretär Perez de Cuellar reist nach Bagdad, um dort persönlich mit Saddam Hussein über die Golfkrise zu verhandeln.

13. Januar 1991: Perez de Cuellars Vermittlungsversuch ist gescheitert.

14. Januar 1991: Iraks Parlament ruft alle Araber zum »Heiligen Krieg« auf. In einem Appell werden große Opfer verlangt, um die arabische Einheit zu erreichen und die arabischen Verräter zu bekämpfen. Die Kriegsvorbereitungen in den arabischen Staaten und Israel laufen auf Hochtouren.

15. Januar 1991: Um 0.00 Uhr New Yorker Zeit (8.00 Bagdad, 6.00 Uhr MEZ) läuft das UNO-Ultimatum an den Irak ab. Der Krieg beginnt.

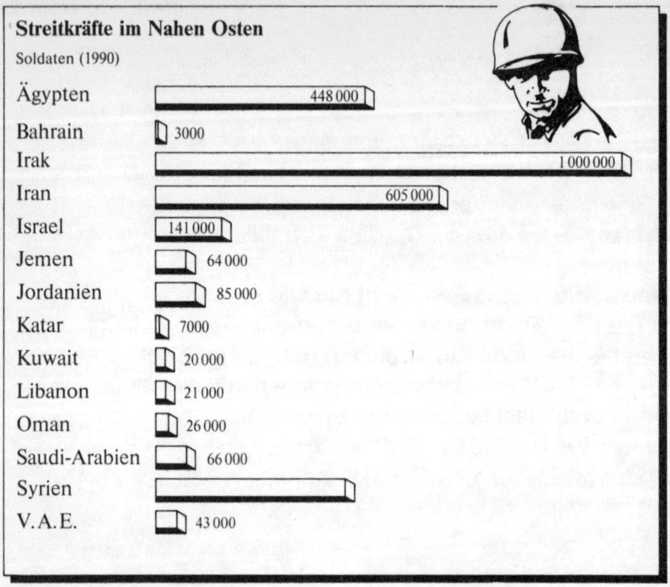
Streitkräfte im Nahen Osten
Soldaten (1990)
Ägypten 448 000
Bahrain 3000
Irak 1 000 000
Iran 605 000
Israel 141 000
Jemen 64 000
Jordanien 85 000
Katar 7000
Kuwait 20 000
Libanon 21 000
Oman 26 000
Saudi-Arabien 66 000
Syrien
V.A.E. 43 000

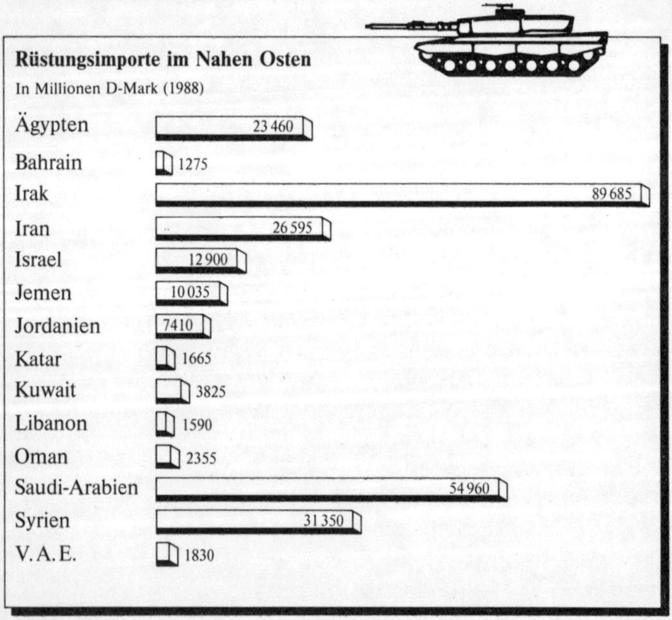
Rüstungsimporte im Nahen Osten
In Millionen D-Mark (1988)
Ägypten 23 460
Bahrain 1275
Irak 89 685
Iran 26 595
Israel 12 900
Jemen 10 035
Jordanien 7410
Katar 1665
Kuwait 3825
Libanon 1590
Oman 2355
Saudi-Arabien 54 960
Syrien 31 350
V.A.E. 1830

Die Chronik des Golfkrieges

Zusammengestellt von der Politikredaktion der ZEIT (redaktionell erweitert).

17. Januar – 1. Tag: Mit massiven Bombardierungen wird die Operation Wüstensturm eingeleitet. Die Allierten berichten, 80 Prozent der Ziele getroffen zu haben.

18. Januar – 2. Tag: Irak startet seine ersten Angriffe mit Scud-Rakenten auf Israel und Saudi-Arabien. Die Allierten setzen ihre Bombardierungen fort.

19. Januar – 3. Tag: Neuer irakischer Angriff auf Tel Aviv. Israel droht mit einem Gegenangriff. Amerikanische Kriegsschiffe feuern Marschflugkörper auf Ziele im Irak ab. Ein amerikanischer Sprecher spricht von bislang 4000 Luftangriffen der Alliierten.

20. Januar – 4. Tag: Die US-Marine stürmt Ölplattformen vor Kuwait, es gibt erste Kriegsgefangene. Von der Türkei aus werden Einsätze in den Norden Iraks geflogen. Irak feuert Scud-Raketen auf Riad und Dahran, die von Patriot-Abwehrraketen abgefangen werden. In Israel werden Patriot-Abwehrbatterien stationiert.

21. Januar – 5. Tag: Radio Bagdad meldet die Verschleppung von Kriegsgefangenen als Schutzschilde an potentielle Angriffsziele. Die Alliierten räumen ein, trotz 8100 Luftangriffen, den Irak noch nicht eindeutig geschwächt zu haben.

22. Januar – 6. Tag: Es kommt zu ersten begrenzten Bodengefechten. Irak setzt kuwaitische Ölanlagen in Brand.

23. Januar – 7. Tag: Die südirakische Stadt Basra wird heftig bombardiert. Beim dritten irakischen Raketenangriff auf Israel sterben drei Menschen, 96 werden verletzt.

24. Januar – 8. Tag: Das Unternehmen Wüstensturm laufe »genau nach Plan« ab, sagt US-Präsident Bush. Saddam Hussein droht den arabischen Staaten, die der multinationalen Truppe als Operationsbasis dienen, eine »gewaltsame Erwiderung« an. Japan will weitere neun Milliarden Dollar Kriegsbeitrag bezahlen (erster Beitrag: vier Milliarden). Bundesaußenminister Genscher wird in

Israel ausgebuht. Auf dem Kriegsschauplatz herrscht besseres Wetter. Die Alliierten haben bisher 15 000 Einsätze geflogen.

Zitat des Tages: »Wenn wir erst einmal Verluste am Boden haben und die Amerikaner den Emir von Kuwait mit seinen achtzig Frauen im Fernsehen sehen und erleben, wie die Studenten aus Kuwait und Saudi-Arabien in protzigen Autos durch unsere College-Städtchen fahren, werden viele sehr unglücklich werden.«
Patricia Schroeder, US-Kongreßabgeordnete

25. Januar – 9. Tag: Irak läßt Erdöl in den Golf fließen. Die kuwaitische Insel Qarawa wird befreit. Angriff irakischer Scud-Raketen auf Israel. Amerika stellt dort neue Patriot-Batterien auf. 2707 Lufteinsätze der Alliierten (insgesamt: 17500). Bisherige Verluste: 24 alliierte Flugzeuge, 41 irakische.

Zitat des Tages: »Wir wollen keinen destabilisierten Irak, wenn dies alles vorbei ist. Aber wir wollen auch keine Fortsetzung dieser Aggression.«
George Bush

26. Januar – 10. Tag: Der Ölteppich im nördlichen Golf bedeckt eine Fläche von 15 mal 55 Kilometer. US-Flugzeuge zerbomben eine Verladestation in Kuwait, von wo das Erdöl ins Meer fließt.

Zitat des Tages: »Jeder Moslem, der an einem Angriff gegen die Nationalen teilnimmt, die sich an der barbarischen Aggression gegen den Irak beteiligen, ist ein Märtyrer in der Mutter aller Schlachten.«
Saddam Hussein

27. Januar – 11. Tag: Rund siebzig irakische Flugzeuge werden in den Iran verlegt: Deserteure oder Saddams Reserve, Fahnenflucht oder Kriegslist? Insgesamt flogen die Alliierten bisher 22 000 Einsätze. Der Irak feuerte bisher 25 Scuds auf Israel, 25 gegen Saudi-Arabien.
27 alliierte Luftwaffenangehörige werden vermißt. Opfer: in Israel vier Tote, 204 Verletzte.

Zitat des Tages: »Der Bombenfeldzug läuft sehr gut. Wir wollen ihn so lange wie möglich wirken lassen.«
US-Verteidigungsminister Dick Cheney

28. Januar – 12. Tag: Weitere irakische Flugzeuge retten sich in den Iran die Feldflughäfen sind also noch funktionsfähig. Teheran bekräftigt seine Neutralität: Die Flugzeuge sollen bis Kriegsende stillgelegt werden. Lufteinsätze bisher 25 000. Scud-Angriffe: 56, die meisten abgefangen von Patriot-Abwehrraketen. 25 alliierte Flugzeuge abgeschossen, 49 irakische zerstört (Irak behauptet insgesamt 170 Abschüsse). Der Ölfleck im Golf bewegt sich nach Süden.
1,7 Milliarden Liter sind ausgelaufen – eine Umweltbedrohung auf Jahre hinaus. An der Südgrenze Kuwaits haben die Iraker 500 000 Landminen installiert.

Zitat des Tages: »Der Krieg im Golf ist kein christlicher Krieg, kein jüdischer Krieg, kein moslemischer Krieg. Er ist ein gerechter Krieg.«
George Bush

29. Januar – 13. Tag: Der Bericht der Washington Post wird indirekt bestätigt: Bisher sind acht der dreißig ortsfesten Scud-Abschußrampen Saddams zerstört worden, 65 Prozent der irakischen Luftwaffenflugplätze funktionieren, die 9000 Flugabwehrbatterien sind weiterhin intakt. Die Zahl der alliierten Einsätze überschreitet 28 000. Die Bundesregierung stockt ihren Finanzbeitrag zur Golfaktion um weitere 8,25 Milliarden Dollar auf (bisherige Leistungen: 5,3 Milliarden).

Zitat des Tages: »Unseretwegen kann es lieber früher als später losgehen. Wir wollen hier nicht bloß herumhängen. Besser, wir kriegen es hinter uns.«
Britischer Infanterist in Saudi-Arabien

30. Januar – 14. Tag: Aus der Sicht der Alliierten verläuft angeblich alles nach Plan. Die Atomanlagen und festen Scud-Abschußrampen des Irak seien zerstört, die Strom- und Telekommunikationsnetze stark beschädigt und die Nachschubwege für die Truppen in Kuwait zu »neunzig Prozent« abgeschnitten. Der Irak provoziert den Ausbruch des Landkrieges: Panzerverbände besetzen die saudi-arabische Hafenstadt Al Chafdschi. Von der irakischen Verladestation Mina al Bakr breitet sich ein zweiter Ölteppich im Golf aus. Die

Bundeswehr liefert Israel Luftabwehrraketen, Giftspürpanzer und Gasmasken (Wert: eine Milliarde Mark).

Zitat des Tages: »Unsere Sache ist gerecht. Unsere Sache ist moralisch. Unsere Sache ist richtig.«
George Bush

31. Januar – 15. Tag: Die alliierten Streitkräfte erobern Al Chafdschi zurück. Opfer: mehr als fünfzig Soldaten auf beiden Seiten. Das sechzigste irakische Schiff wird versenkt. Seit Ausbruch des Krieges sind siebzig Terroranschläge verübt worden.

Zitat des Tages: »Es geht nicht nur um die Befreiung Kuwaits, sondern um die eindeutige Versicherung, daß es auch befreit bleibt.«
Tom King, britischer Verteidigungsminister

1. Februar – 16. Tag: Der Irak massiert Bodentruppen an der südkuwaitischen Grenze. Die Alliierten fliegen 2500 Luftangriffe (insgesamt 35 000). Eine französische Regierungsdelegation spricht in Teheran über Friedenslösungen.

Zitat des Tages: »Wenn Saddam tatsächlich chemische Waffen benutzt, könnten wir ihn mit konventionellen, nichtnuklearen Waffen überschütten. Ich will aber für den Augenblick andere Operationen nicht ausschließen.«
Dan Quayle, amerikanischer Vizepräsident

2. Februar – 17. Tag: Eine irakische Scud trifft unbewohntes Gebiet im West-Jordanland. Radio Bagdad spricht von »feigen Angriffen auf Wohngebiete«. 98 irakische Flugzeuge befinden sich im Iran: gibt es eine geheime Allianz mit Bagdad?

Zitat des Tages: »Es ist eine Katastrophe, wenn dieser Krieg fortgesetzt wird.«
Jassir Arafat, Chef der palästinensischen Befreiungsorganisation

3. Februar – 18. Tag: Riad wird von einer irakischen Scud-Rakete getroffen; 29 Verletzte. Der Irak feuerte bisher 28 Scuds auf Saudi-Arabien, 29 auf Israel. Die Sunday Times behauptet, Saddam Hussein habe grünes Licht für den Einsatz von Chemiewaffen gegeben. Lufteinsätze bisher 41 000. Verluste: 167 irakische Flugzeuge, 22 alliierte (Irak behauptet

Saudiarabische Militärexperten untersuchen in Riad die Überreste einer irakischen Scud-Rakete. (dpa)

insgesamt 264 Abschüsse). Drei Ölteppiche treiben auf die Küsten Saudi-Arabiens und Bahrains zu.

Zitat des Tages: »Israel steht fest zu seiner Politik, nicht als erstes Land im Nahen Osten Atomwaffen zu benutzen.«
Ein führender Berater des israelischen Ministerpräsidenten Schamir

4. Februar – 19. Tag: Die Alliierten setzen ihre Luftangriffe mit unverminderter Stärke fort, allerdings seien erst »zehn Prozent« des irakischen Militärpotentials und »ein Viertel« der Luftwaffe zerstört. Bisherige Opfer bei den Alliierten: 12 Amerikaner, 18 Saudis; 45 Soldaten werden vermißt. Vorbereitungen für eine Landung an der kuwaitischen Küste beginnen. Washington reagiert zurückhaltend auf eine iranische Friedensinitiative.

Zitat des Tages: »Iran ist in einer guten Position, ein Ergebnis zu produzieren, das diesen Krieg zu einem Ende bringt.«
Javier Pérez de Cuéllar, UN-Generalsekretär.

5. Februar – 20. Tag: Das amerikanische Schlachtschiff »USS Missouri« nimmt Kuwait unter Beschuß. Saddam Hussein habe Kampfflugzeuge und Raketen in den Sudan verlegt, meldet der amerikanische Fernsehsender ABC.

Zitat des Tages: »Die Irakis kriegen die Hölle ab. Ich bin froh, daß ich nicht auf der anderen Seite bin.«
Percy Smith, amerikanischer Feldwebel in Saudi-Arabien

6. Februar – 21. Tag: Die alliierte Luftwaffe setzt mit 2500 Einsätzen die Bombardierung des Iraks fort. Bei einem Angriff auf die Hafenstadt Basra werden dabei nach irakischen Angaben 150 Menschen getötet. Insgesamt sind seit Kriegsbeginn über 49 000 Luftangriffe geflogen worden.

Zitat des Tages: »Die Aufgabe ist gewaltig, und niemand sollte Saddams militärische Fähigkeiten unterschätzen.«
James Baker, amerikanischer Außenminister

7. Februar – 22. Tag: Zwei irakische Kampfflugzeuge werden von alliierten Jets abgeschossen, als sie sich in den Iran absetzen wollen. Dort sind nach Angaben bereits 134 Militärmaschinen gelandet.

Zitat des Tages: »Ich glaube, der Landkrieg ist unvermeidlich. Es gibt keinen Hinweis darauf, daß die irakische Armee in unmittelbarer Zukunft zusammenbrechen wird.«
Peter de la Billière,
Oberbefehlshaber der britischen Truppen am Golf

8. Februar – 23. Tag: US-Verteidigungsminister Cheney und Generalstabschef Powell treffen in Saudi-Arabien ein, um Notwendigkeit und Zeitpunkt einer Bodenoffensive zu erörtern.

Zitat des Tages: »Es gibt eine grundsätzliche Übereinstimmung dahingehend, daß die Sicherheit der arabischen Region grundsätzlich aus der arabischen Region erwachsen muß.«
Prinz Saud, saudischer Außenminister

9. Februar – 24. Tag: 26 Israelis werden verletzt, als brennende Teile einer Scud-Rakete in Tel Aviv einschlagen. Die alliierten Bombenangriffe auf Ziele im Irak gehen trotz schlechten Wetters weiter. Nach irakischen Angaben sollen bislang 597 Zivilisten und 90 Soldaten getötet worden sein.

10. Februar – 25. Tag: Der 45. amerikanische Soldat wird als vermißt gemeldet. Nach Angaben des alliierten Oberkommandos sollen bislang 750 irakische Panzer (von insgesamt 4500), 650 von 3200 Artillerie-Einheiten und 600 von 4500 gepanzerten Truppenfahrzeugen zerstört worden sein. Das sind etwa 25 Prozent des irakischen Militärpotentials in Kuwait und im Süd-Irak. Die Saudis haben vierzehn Millionen Flugblätter über den feindlichen Linien abgeworfen, in denen sie zur Desertation aufrufen. Seit August sollen bereits 1300 irakische Soldaten desertiert sein.

Zitat des Tages: »Saddam Hussein hat noch immer einen beträchtlichen Teil dessen zur Verfügung, was einmal die viertgrößte Armee der Welt war.«

Dick Cheney, amerikanischer Verteidgungsminister

11. Februar – 26. Tag: Die irakische Regierung spricht von Tausenden Zivilisten, die getötet worden seien. US-Präsident Bush wird von Verteidigungsminister Cheney und Generalstabschef Powell über den Verlauf des Krieges informiert. Vor der Presse sagt er anschließend, der Luftkrieg sei sehr wirksam und werde noch eine Weile fortgesetzt.

Zitat des Tages: »Der Irak wird niemals einen Waffenstillstand akzeptieren, ausgenommen nach Erringung des totalen Sieges.«

Radio Bagdad

12. Februar – 27. Tag: In der Nacht erneute Raketenangriffe auf Israel und Saudi-Arabien. Alle 33 Raketen, die der Irak bislang auf Israel abgefeuert hat, waren mit konventionellen Gefechtsköpfen ausgerüstet. Der iranische Außenminister Welajati siegt, falls Israel eingreife, könne der Iran nicht länger neutral bleiben.

Zitat des Tages: »Die Lage im Irak ist ausgezeichnet, und das irakische Volk erfreut sich einer gehobenen Moral.«

Saadun Hamadi, stellvertretender irakischer Ministerpräsident

13. Februar – 28. Tag: Ein gezielter Bombenangriff der Alliierten zerstört einen Luftschutzbunker in Bagdad. Mehrere hundert

Zivilisten sterben. Das Pentagon behauptet, der Bunker sei als Kommandozentrale genutzt worden.

Zitat des Tages: »Wir haben nicht das Gefühl, einen falschen Bunker angegriffen zu haben oder einen Fehler gemacht zu haben.«
Richard Neal, US-General

14. Februar – 29. Tag: Die Fernsehbilder der im Luftschutzbunker verbrannten Menschen lösen weltweit Entsetzen aus. Der Irak feuert zwei Scud-Raketen auf Saudi-Arabien.

Zitat des Tages: »Wir werden fortfahren, Kommandozentralen anzugreifen. Es wird weiterhin auf beiden Seiten Opfer unter der Zivilbevölkerung geben.«
Marlin Fitzwater, US-Regierungssprecher

15. Februar – 30. Tag: Radio Bagdad verliest eine Erklärung des Revolutionsrates, in der zum ersten Mal von einem möglichen Rückzug aus dem besetzten Kuwait die Rede ist. Allerdings wird das Angebot mit einer Reihe von Bedingungen verknüpft, darunter der Rückzug Israels aus den besetzten Gebieten. Drei Stunden später weist US-Präsident Bush die Offerte Saddam Husseins als »unannehmbar« zurück.

Zitat des Tages: »Bedauerlicherweise erscheint die irakische Erklärung nun als grausamer Scherz, der die Hoffnungen der Menschen zerstört.«
George Bush

16. Februar – 31. Tag: Michail Gorbatschow soll vor seinem Treffen mit dem irakischen Außenminister Aziz in Moskau den amerikanischen Präsidenten gebeten haben, noch nicht mit dem Landkrieg zu beginnen. Zehntausende alliierte Soldaten rücken näher an die kuwaitische Grenze.

Zitat des Tages: »Saddam Hussein muß als das eigentliche Friedenshindernis ausgeschaltet werden.«
Avi Pazner, Sprecher des israelischen Ministerpräsidenten Schamir

17. Februar – 32. Tag: Der Irak schießt zwei Scud-Raketen auf Israel ab: damit sind seit dem 17. Januar insgesamt 67 Raketen auf Israel und Saudi-Arabien abgefeuert worden. Entlang der Front an der kuwaitischen und irakischen Grenze kommt es erneut zu Gefechten. Dabei werden zwei weitere amerikanische Soldaten vom Feuer aus den eigenen Reihen (»friendly fire«) getötet. Sie erhöhen die Zahl der alliierten Verluste auf 35; vermißt werden 63 Soldaten.

Zitat des Tages: »Wir werden niemals bedingungslos kapitulieren.«
Abdul Razak Hashimi, irakischer Botschafter in Paris

19. Februar – 34. Tag: US-Präsident Bush sagt, der Gorbatschow-Plan bliebe deutlich hinter dem zurück, was »nötig wäre«. Die Luftangriffe der multinationalen Streitkräfte konzentrieren sich auf die irakischen Fronttruppen. Nach einer ersten Schätzung der Alliierten hat der Krieg bisher 80 000 Irakern, Soldaten und Zivilisten, das Leben gekostet.

Zitat des Tages: »Es wird keine Verhandlungen geben und keine Zugeständnisse.«
Georg Bush

18. Februar – 33. Tag: Der sowjetische Präsident Gorbatschow übergibt dem irakischen Außenminister Aziz einen »Plan zur Lösung des Konflikts mit politischen Mitteln«. Einzelheiten werden nicht bekannt. Der Sprecher des sowjetischen Präsidenten sagt, Gorbatschow erwarte die Antwort Saddam Husseins »ohne zeitliche Verzögerung«. Seit dem 17. Januar haben alliierte Kampfflugzeuge 80 000 Einsätze geflogen.

Zitat des Tages: »Die Bilder vom Golfkrieg im Fernsehen brachten die Erinnerung zurück, wie ich Menschen in B-52-Bombenkratern beerdigte.«
Michael Creamer, Vietnam-Veteran, vor seinem Selbstmord

20. Februar – 35. Tag: Saddam Hussein zögert seine Antwort auf den Friedensplan Gorbatschows hinaus. Die Artilleriegefechte werden heftiger. Amerikanische Hubschrauber zerstören Bunker in Kuwait und nehmen etwa 500 Iraker gefangen.

Zitat des Tages: »Das irakische Militär ist angeschlagen, und zwar sehr schwer. Unsere Einschätzung ist, daß sie am Rande des Zusammenbruchs stehen.«
General Norman Schwarzkopf, alliierter Oberbefehlshaber

21. Februar – 36. Tag: Über Radio Bagdad kündigt Saddam Hussein an, der Irak werde den Krieg fortsetzen. Erste amerikanische und saudische Bodentruppen stoßen auf kuwaitisches Territorium vor. Britische Artillerie beschießt irakische Fronttruppen mit Raketenwerfern.

Zitat des Tages: »Die Mutter aller Schlachten wird unsere Siegesschlacht und unser Martyrium sein.«
Saddam Hussein

22. Februar – 37. Tag: US-Präsident Bush setzt dem Irak im Namen der Koalition ein Ultimatum: Bis zum folgenden Tag, 12 Uhr New Yorker Zeit habe Saddam Hussein mit dem »sofortigen und bedingungslosen Rückzug aus Kuwait« zu beginnen. Irakische Soldaten sollen kuwaitische Ölquellen in Brand gesetzt und Kuwaiter exekutiert haben. George Bush spricht von einer »Politik der verbrannten Erde«. Moskau gibt bekannt, der Irak sei zum Rückzug aus Kuwait bereit.

Zitat des Tages: »Die Koalition gibt Saddam Hussein bis Samstagmittag Zeit, zu tun, was er tun muß.«
George Bush

23. Februar – 38. Tag: Der Irak läßt das Ultimatum verstreichen. Mit Bulldozern bahnen sich die multi-nationalen Bodentruppen Schneisen durch die äußeren Befestigungswälle. Nach amerikanischen Angaben hat die alliierte Luftwaffe vierzig Prozent des irakischen Militärpotentials zerstört. Der Irak feuert eine Scud-Rakete auf Israel ab – die 37ste seit Beginn des Golfkrieges.

Zitat des Tages: »Ihr stützt euch nun in die grimmigste aller Schlachten.«
Radio Bagdad, an die irakischen Truppen in Kuwait

24. Februar – 39. Tag: Acht Stunden nach Ablauf des Ultimatums befiehlt US-Präsident Bush die Bodenoffensive. Nach zehn Stunden völliger Nachrichtensperre spricht der Oberkommandierende General Schwarzkopf von einem »dramatischen Erfolg«. Es seien bereits 5500 Kriegsgefangene gemacht worden. Offenbar stoßen die Alliierten in einer Zangenbewegung auf kuwaitisches und irakisches Territorium vor. Fallschirmjäger sollen nahe Kuwait-City und südlich von Basra gelandet sein.

Zitat des Tages: »Ich habe die Nachrichten gehört und hoffe, der Krieg wird so schnell wie möglich zu Ende sein. Krieg ist etwas Schreckliches.«
Saber Staman, Verkäufer in Bagdad

25. Februar – 40. Tag: Die alliierten Truppen stoßen bei ihrer Offensive nur auf »leichten bis mäßigen Widerstand«. Über 18 000 Irakis hätten sich ergeben. Inzwischen brennen mehr als 500 Ölquellen in Kuwait. In einer Radioansprache verkündet Saddam Hussein den bedingungslosen irakischen Rückzug. Mehr als zwanzig US-Soldaten werden am Stadtrand von Dharan von einer irakischen Scud-Rakete getötet.

Zitat des Tages: »Ich bin überrascht, auf wie wenig Widerstand wir gestoßen sind.«
Robert Schoenwetter, US-Major

26. Februar – 41. Tag: Der Irak hat mit dem Rückzug seiner Panzerverbände aus Kuwait begonnen. Kuwaitische Militärs melden die vollständige Räumung der Hauptstadt. Das Ausmaß des Rückzugs bleibt jedoch zunächst unklar, die Kampfhandlungen dauern an. Seit dem 17. Januar sind mehr als 100 000 Einsätze gegen Ziele im Irak und in Kuwait geflogen worden.

Zitat des Tages: »Kuwait war vom 2. August 1990 bis zum 24. Februar 1991 ein Teil des Irak.«
Saddam Hussein

27. Februar 1991: Kuwaitische Truppen marschieren in Kuwait-Stadt ein. Die südirakische Stadt Basra wird weiter schwer bombardiert, irakische Nachschublinien abgeschnitten. Die Republikanischen Garden, eine irakische Eliteeinheit, ist im Süden Iraks eingekesselt. Bagdad erklärt sich im Falle einer Feuerpause zur Annahme der UN-Resolutionen bereit. Am Abend verkündet Präsident Bush die Befreiung Kuwaits und eine Feuerpause von 6 Uhr MEZ an. Der Irak kapituliert und akzeptiert bedingungslos die Annahme aller zwölf Resolutionen des UN-Sicherheitsrats.

28. Februar 1991: Am Morgen stellen die Alliierten das Feuer ein. Damit schweigen erstmals seit dem 17. Januar die Waffen. Nach 106 000 Lufteinsätzen und einer massiven Bodenoffensive haben die alliierten Truppen ihr Ziel erreicht.
Erste Schätzungen gehen von 85 000 bis 100 000 im Krieg getöteten Irakern aus. Französische Militärexperten glauben gar an 150 000 Opfer. Die Alliierten beziffern ihre Verluste auf 126 Soldaten. 3000 der 4200 irakischen Panzer sollen zerstört, 40 der 42 irakischen Divisionen »zerschlagen« worden sein. Über 80 000 Iraker wurden in Kriegsgefangenschaft genommen. Die Zerstörung Kuwaits wird mit weit über 100 Milliarden Dollar beziffert.

Länder-Kurzüberblick

(Alle Zahlen Richtwerte)

Ägypten:

Vollname: Arabische Republik Ägypten. *Staatsgründung/Unabhängigkeit:* unabhängig seit 1922 als Monarchie, seit 1953 als Republik.

Staatsform: Präsidiale Republik; *Verfassung:* von 1980; *Staatsoberhaupt:* Präsident Hosni Mubarak (seit 1981); *Regierungschef:* Atef Mohammed Naguib Sidki (seit 1986); *Volksvertretung:* Nationalversammlung (Rat des Volkes); allgemeines Wahlrecht; *Parteien:* seit 1980 Mehrparteiensystem

Fläche: 1 001 449 km^2; *Gaza: 378 km^2 (von Israel besetzt); Einwohner:* 54,3 Mio. (1990); *Religion:* 93,1% Muslime (fast nur Sunniten), 6,8% koptische Christen, andere Minderheiten; *Städt. Bevölkerung:* 48%; *Verwaltungsgliederung:* 25 Gouvernate, Kreise und Gemeinden; *Hauptstadt:* Kairo.

Bruttosozialprodukt je Einw.: 660 $ (1988/89); Erdölreserven: 4,5 Mrd. Barrel (1990); *Erdölproduktion:* 0,89 Mio. Barrel/Tag (1989)

Internationale Mitgliedschaften: Vereinte Nationen und UN-Sonderorganisationen, Organisation für Afrikanische Einheit/OAU, Arabische Liga, Rat für Arabische Wirtschaftseinheit, Organisation der Nilstaaten, Arabischer Kooperationsrat/ACC.

Bahrain:

Vollname: Staat Bahrain. *Staatsgründung/Unabhängigkeit:* unabhängig seit 1971.

Staatsform: Emirat-Erbmonarchie. *Verfassung:* von 1973 (teilweise außer Kraft); *Staatsoberhaupt:* Scheich Isa Bin Sulman al-Khalifa (seit 1961); *Regierungschef:* Scheich Khalifa Bin Sulman al-Khalifa (seit 1970); *Volksvertretung:* keine (Parlament 1975 aufgelöst); Wahlrecht vorgesehen, jedoch nicht praktiziert; *Parteien:* nicht zugelassen.

Fläche: 691 km^2; *Einwohner:* 0,5 Mio. (1990); *Religion:* 85% Muslime (70% Schiiten, 30% Sunniten), 7% Christen, 5% Hindus, andere Minderheiten; *Städt. Bevölker.:* 85%; *Verwaltungsgliederung:* 4 Inseln bzw. Inselgruppen, 7 Bezirke; *Hauptstadt:* Manama.

Bruttosozialprodukt je Einw.: 6340 $ (1988/89); Erdölreserven: 0,1 Mrd. Barrel (1990); *Erdölproduktion:* 0,04 Mio.Barrel/Tag (1989)
Internationale Mitgliedschaften: Vereinte Nationen und UN-Sonderorganisationen; Arabische Liga; OAPEC; mit dem Allgemeinen Zoll- und Handelsabkommen assoziiert; Golf-Kooperationsrat.

Irak:
Vollname: Republik Irak. *Staatsgründung/Unabhängigkeit:* unabhängig seit 1932 als Monarchie; seit 1958 als Republik.
Staatsform: Präsidiale Republik mit Revolutionsrat. *Verfassung:* von 1980; *Staatsoberhaupt:* Präsident Saddam Hussein al-Takriti (seit 1979); *Regierungschef:* Präsident Hamadi; *Verfassung:* von 1979; *Volksvertretung:* gewähltes Parlament (Nationalrat), hat praktisch nur beratende Funktion; allgemeines Wahlrecht; *Parteien:* formell Mehrparteiensystem, jedoch entscheidender Einfluß der Baath-Partei.
Fläche: 438317 km^2; *Einwohner:* 19,2 Mio (1990); *Religion:* 96% Muslime (50% Schiiten, 50% Sunniten), 2,3% Christen, andere Minderheiten; *Städt. Bevölkerung:* 72%; *Verwaltungsgliederung:* 18 Provinzen, darunter 3 kurdische; Kreise und Gemeinden; *Hauptstadt:* Bagdad.
Bruttosozialprodukt je Einw.: 1940 $ (1988/89); Erdölreserven: 100 Mrd. Barrel (1990); *Erdölproduktion:* 2,83 Mio. Barrel/Tag (1989).
Internationale Mitgliedschaften: Vereinte Nationen und UN-Sonderorganisationen (außer Allgemeines Zoll- und Handelsabkommen), Arabische Liga, Rat für Arabische Wirtschaftseinheit, OPEC, OAPEC, Arabischer Kooperationsrat/ACC.

Iran:
Vollname: Islamische Republik Iran. *Staatsgründung/Unabhängigkeit:* Staatsgründung vor über 2500 Jahren, seit 1979 islamische Republik.
Staatsform: Präsidiale Republik mit geistlichem Oberhaupt; *Verfassung:* von 1979 (geändert 1989); *Geistliches Oberhaupt:* Ayatollah Ali Khamenei (seit 1988); *Staatsoberhaupt und Regierungschef:* Präsident Ali Akbar Hashemi Rafsandschani (seit 1989); *Volksvertretung:* gewähltes Parlament (Nationalversammlung); *Parteien:* zwei Parteien zugelassen, weitere Zulassungen geplant.

Fläche: 1 648 000 km²; *Einwohner:* 55,9 Mio (1990); *Religion:* 99,4% Muslime (95% Schiiten, 3% Sunniten, Sekten), 0,5% Christen, andere Minderheiten; *Städt. Bevölker.:* 53%; *Verwaltungsgliederung:* 23 Provinzen, 172 Gouvernements, 499 Distrikte; *Hauptstadt:* Teheran.
Bruttosozialprodukt je Einw.: 1800 $ (1988/89); Erdölreserven: 92,9 Mrd. Barrel (1990); *Erdölproduktion:* 2,87 Mio. Barrel/Tag (1989).
Internationale Mitgliedschaften: Vereinte Nationen und UN-Sonderorganisationen (außer Zoll- und Handelsabkommen), Konferenz der Bandung-Staaten, OPEC.

Israel:
Vollname: Staat Israel. *Staatsgründung* 1948.
Staatsform: Parlamentarische Republik; *Verfassung:* keine (Grundgesetze); *Staatsoberhaupt:* Präsident Chaim Herzog (seit 1983); *Regierungschef:* Yitzhak Shamir (seit 1986); *Volksvertretung:* Parlament (Knesseth); allgemeines Wahlrecht; *Parteien:* Mehrparteiensystem.
Fläche: 20770 km²; *Einwohner:* 4,6 Mio. (1990); *Religion:* 81,7% Juden, 14,2% Moslems, 2,3% Christen, 1,8% Drusen; *Städt. Bevölkerung:* 91%. *Verwaltungsgliederung:* 6 Distrikte, 12 Unterdistrikte, 36 Stadtgemeinden, 115 Gemeindebezirke, ca. 700 Dorfgemeinschaften; *Hauptstadt:* Tel Aviv.
Bruttosozialprodukt je Einw.: 8650 $; Erdölreserven: keine; *Erdölproduktion:* keine.
Internationale Mitgliedschaften: Vereinte Nationen und UN-Sonderorganisationen; Handelsabkommen mit der EG.

Jemen:
Vollname: Republik Jemen. *Staatsgründung/Unabhängigkeit:* Nordjemen unabhängig seit 1918, Südjemen unabhängig seit 1967, vereinte Republik Jemen seit 1990.
Staatsform: Präsidiale Republik mit Präsidialrat; *Verfassung:* neue gemeinsame Verfassung in Arbeit; *Staatsoberhaupt:* Präsident Ali Abd Allah Salih (seit 1990, vorher Präsident von Nordjemen); *Regierungschef:* Haidar Abu Bakr al-Attas (seit 1990, vorher Präsident von Südjemen). *Volksvertretung:* zwei gewählte Parlamente, die durch ein gemeinsames ersetzt werden sollen. *Parteien:*

Jemenitische Sozialistische Partei, ein Mehrparteiensystem soll folgen.
Fläche: 527968 km²; *Einwohner:* 12 Mio. (1990); *Religion:* 98% Moslems (40% zaiditische Schiiten, 58% Sunniten), nichtislamische Minderheiten; *Städt. Bevölkerung:* 23–42%; *Verwaltungsgliederung:* 17 Provinzen (incl.Gouvernorate), Unterprovinzen, Distrikte, Unterdistrikte; *Hauptstadt:* Sana'a.
Bruttosozialprodukt je Einw.: 590 $ (1988/89); Erdölreserven: 4,5 Mrd. Barrel (1990); *Erdölproduktion:* 1987 aufgenommen.
Internationale Mitgliedschaften: Vereinte Nationen und UN-Sonderorganisationen, Arabische Liga, Arabischer Kooperationsrat/ACC.

Jordanien:
Vollname: Haschemitisches Königreich Jordanien. *Staatsgründung/Unabhängigkeit:* unabhängig seit 1946.
Staatsform: Konstitutionelle Erbmonarchie mit fast autonomem Scheich im Wüstenterritorium; *Verfassung:* von 1952 (geändert 1974); *Staatsoberhaupt:* König Hussein Bin Talal (seit 1952); *Regierungschef:* Mudar Badran (seit 1989); *Volksvertretung:* Ostjordanisches Parlament (ost- und westjordanisches Parlament 1988/89 aufgelöst); allg. Wahlrecht; *Parteien:* nicht zugelassen.
Fläche: 97740 km²; *Einwohner:* 4,2 Mio. (1990); *Religion:* 96% Muslime (93% Sunniten, 3% Schiiten), 4% Christen; *Städt. Bevölkerung:* 66%; *Verwaltungsgliederung:* 5 Distrikte in Ostjordanien; Verwaltung der 3 westjordanischen Distrikte (= von Israel besetztes Westjordanland) formal an die PLO übertragen.
Bruttosozialprodukt je Einw.: 1500 $ (1988/89), Erdölreseveren: keine; *Erdölproduktion:* keine.
Internationale Mitgliedschaften: Vereinte Nationen und UN-Sonderorganisationen; Arabische Liga; Konferenz der Bandung-Staaten; Rat für Arabische Wirtschaftseinheit, Arabischer Kooperationsrat/ACC.

Katar:
Vollname: Staat Katar; *Staatsgründung/Unabhängigkeit:* unabhängig seit 1971.
Staatsform: Emirat Erbmonarchie. *Verfassung:* provisorische Ver-

fassung von 1970; Staatsoberhaupt und *Regierungschef:* Scheich Khalifa Bin Hamad al-Thani (seit 1972); *Volksvertretung:* keine, jedoch beratende Versammlung; *Parteien:* nicht zugelassen.
Fläche: 11427 km²; *Einwohner:* 0,5 Mio. (1990); *Religion:* 92% Muslime (Sunniten, wahhabitischer Richtung); 6% Christen, andere Minderheiten; *Städt. Bevölkerung:* 90%; *Verwaltungsgliederung:* 9 Bezirke; *Hauptstadt:* Doha.
Bruttosozialprodukt je Einw.: 9930 $ (1988/89); Erdölreserven: 4,5 Mrd. Barrel (1990); Erdölförderung: 0,4 Mio. Barrel/Tag (1989).
Internationale Mitgliedschaften: Vereinte Nationen und UN-Sonderorganisationen (außer Internationale Finanzkorporation), Arabische Liga, OPEC, OAPEC, Wirtschaftskommission für Westasien/ECWA, mit dem Allgemeinen Zoll- und Handelsabkommen assoziiert, Golf-Kooperationsrat.

Kuwait:
Vollname: Staat Kuwait; *Staatsgründung/Unabhängigkeit:* unabhängig seit 1961.
Staatsform: Emirat Konstitutionelle Erbmonarchie; *Verfassung:* von 1962, teilweise suspendiert; *Staatsoberhaupt:* Scheich Jaber Al Ahmad al Japer al Sabah (seit 1977); *Regierungschef:* Kronprinz Scheich Saad al-Abdullah as Salim as Sabah (seit 1978); *Volksvertretung:* teils gewähltes, teils ernanntes Parlament (Nationalversammlung), mehrmals aufgelöst; *Parteien:* nicht zugelassen.
Fläche: 17818 km²; *Einwohner:* 2,1 Mio (1990); *Religion:* 93% Muslime (70% Sunniten, 30% Schiiten); 4,1% Christen, andere Minderheiten; *Städt. Bevölkerung:* 95%; *Verwaltungsgliederung:* 4 Provinzen, 10 Distrikte; *Hauptstadt:* Kuwait City.
Bruttosozialprodukt je Einw.: 13 400 $ (1988/89); Erdölreserven: 94,5 Mrd. Barrel (1990); Erdölförderung: 1800 Mio. Barrel/Tag (1989).
Internationale Mitgliedschaften: Vereinte Nationen und UN-Sonderorganisationen, Arabische Liga, Rat für Arabische Wirtschaftseinheit, OPEC, OAPEC, Golf-Kooperationsrat.

Libanon:
Vollname: Libanesische Republik. *Staatsgründung/Unabhängigkeit:* unabhängig seit 1941 bzw. 1943.
Staatsform: Präsidiale Republik. *Verfassung:* keine, jedoch unge-

schriebener Nationalpakt von 1943; *Staatsoberhaupt:* Präsident Elias Hrawi (seit 1989); *Regierungschef:* Selim Al-Hoss; *Volksvertretung:* gewähltes Parlament; *Parteien:* Mehrparteiensystem.
Fläche: 10400 km^2; *Einwohner:* 3,0 Mio. (1990); *Religion:* 30% Schiiten, 20% Sunniten, 20% Maroniten; 7% Drusen; zahlreiche andere christliche Minderheiten; *Städt. Bevölkerung:* 78%; *Verwaltungsgliederung:* 5 Provinzen; *Hauptstadt:* Beirut.
Bruttosozialprodukt je Einw.: 700 $ (1988/89); Erdölreserven: keine; *Erdölproduktion:* keine.
Internationale Mitgliedschaften: Vereinte Nationen und UN-Sonderorganisationen, Arabische Liga.

Oman:
Vollname: Sultanat Oman; *Staatsgründung/Unabhängigkeit:* alte Staatstradition, formell nie abhängig, praktisch unabhängig seit 1951.
Staatsform: Sultanat Erbmonarchie; *Verfassung:* keine; Staatsoberhaupt und *Regierungschef:* Sultan Qaboos bin Said Al Busaid (seit 1970); *Volksvertretung:* keine, jedoch ernannter Nationaler Konsultativrat mit beratender Funktion; *Parteien:* nicht zugelassen.
Fläche: 212 457 km^2; *Einwohner:* 2 Mio. (1990); Relgion: 98% Moslems (70% Ibaditen, 25% Sunniten, Sekten), nicht-islamische Minderheiten; *Städt. Bevölkerung:* 10%; *Verwaltungsgliederung:* 41 Bezirke; *Hauptstadt:* Muskat.
Bruttosozialprodukt je Einw.: 5000 $ (1988/89); Erdölreserven: 4,3 Mrd. Barrel (1990); *Erdölproduktion:* 0,39 Mio. Barrel/Tag (1989).
Internationale Mitgliedschaften: Vereinte Nationen und UN-Sonderorganisationen (außer Internationale Atomenergie-Organisation, Internationale Arbeitsorganisation und Allgemeines Zoll- und Handeslabkommen), Arabische Liga, Golf-Kooperationsrat.

Saudi-Arabien:
Vollname: Königreich Saudi-Arabien; *Staatsgründung/Unabhängigkeit:* schrittweise Staatsbildung seit 1901, unabhängiges Königreich seit 1932.
Staatsform: Monarchie mit oligarchischen Strukturen; *Verfassung:* in Vorbereitung; Staatsoberhaupt, geistliches Oberhaupt und *Regierungschef:* König Fahd ibn Abdel Asis al-Saud (seit 1982).

Volksvertretung: keine, jedoch beratende Versammlung geplant; *Parteien:* nicht zugelassen.
Fläche: 2 149 690 km²; *Einwohner:* 14,8 Mio. (1990); *Religion:* 99% Muslime (85% Sunniten, wahhabitischer Richtung, 15% Schiiten), nicht-islamische Minderheiten; *Städt. Bevölkerung:* 75%; *Verwaltungsgliederung:* 5 Verwaltungseinheiten; *Hauptstadt:* Riad.
Bruttosozialprodukt je Einw.: 6200 $ (1988/89); *Erdölreserven:* 255 Mrd. Barrel (1990); *Erdölproduktion:* 5,46 Mio. Barrel/Tag (1989).
Internationale Mitgliedschaften: Vereinte Nationen und UN-Sonderorganisationen (außer Allgemeines Zoll- und Handelsabkommen), Arabische Liga, OAPEC, OPEC, Golf-Kooperationsrat.

Syrien:
Vollname: Arabische Republik Syrien; *Staatsgründung/Unabhängigkeit:* unabhängig seit 1946.
Staatsform: präsidiale Republik; *Verfassung:* von 1973; *Staatsoberhaupt:* Präsident General Hafis al-Assad (seit 1971); *Regierungschef:* Mahmud al-Zoobi; *Volksvertretung:* Parlament (Volksversammlung); allgemeines Wahlrecht; *Parteien:* Mehrparteiensystem.
Fläche: 185180 km²; *Einwohner:* 12,1 Mio. (1990); *Religion:* 90% Muslime (89% Sunniten verschiedener Richtungen, 11% Schiiten verschiedener Richtungen), 5% Christen, andere Minderheiten; *Städt. Bevölker.:* 51%; *Verwaltungsgliederung:* 14 Provinzen incl. Hauptstadt, Bezirke, Kreise; *Hauptstadt:* Damaskus.
Bruttosozialprodukt je Einw.: 1680 $ (1988/89); *Erdölreserven:* 1,7 Mrd. Barrel (1990); *Erdölproduktion:* 0,34 Mio. Barrel/Tag (1989).
Internationale Mitgliedschaften: Vereinte Nationen und UN-Sonderorganisationen (außer Allgemeines Zoll- und Handelsabkommen), Arabische Liga, Rat für Arabische Wirtschaftseinheit, Union Arabischer Staaten, OAPEC.

Vereinigte Arabische Emirate:
Vollname: Vereinigte Arabische Emirate; *Staatsgründung/Unabhängigkeit:* unabhängig seit 1971.
Staatsform: Präsidiale Föderation der 7 autonomen Scheichtümer mit Oberstem Rat (bestehend aus den sieben Herrschern); *Verfassung:* provisorische Verfassung von 1981, endgültige Verfassung in

Vorbereitung; *Staatsoberhaupt:* Präsident Scheich Said ben Sultan al Nahadschan (seit 1971); *Regierungschef:* Scheich Raschid ben Said al-Maktum (seit 1971); *Volksvertretung:* keine, jedoch ernannte/gewählte Föderative Nationalversammlung mit beratender Funktion; *Parteien:* nicht zugelassen.
Fläche: 83600 km^2; *Einwohner:* 1,6 Mio (1990); *Religion:* 95% Muslime (81% Sunniten, 19% Schiiten), 4% Christen, andere Minderheiten; *Städt. Bevölkerung:* 78%; *Verwaltungsgliederung:* 7 autonome Emirate; *Hauptstadt:* Abu Dhabi.
Bruttosozialprodukt je Einw.: 15 770 $ (1988/89); Erdölreserven: 116 Mrd. Barrel (1990); *Erdölproduktion:* 2 Mio. Barrel/Tag (1989).
Internationale Mitgliedschaften: Vereinte Nationen und UN-Sonderorganisationen (außer WMO), mit dem Allgemeinen Zoll- und Handelsabkommen assoziiert, Arabische Liga, OPEC, OAPEC, Golf-Kooperationsrat.

Glossar

Alawiten: Islamische Religionspartei und Sekte; werden von den Moslems nicht als Glaubensbrüder anerkannt.

Arabische Liga: Vereinigung arabischer Staaten und der PLO; 1945 gegründet mit dem Ziel einer engen Zusammenarbeit auf wirtschaftlichem, militärischem, politischem und kulturellem Gebiet; Sitz ursprünglich in Kairo, ab 1979 in Tunis; 1990 Beschluß, den Sitz wieder nach Kairo zurückzuverlegen. Mitglieder: Ägypten, Irak, Jemen, Jordanien, Libanon, Saudi-Arabien, Syrien, Algerien, Bahrain, Dschibouti, Jemen, Katar, Kuwait, Libyen, Marroko, Mauretanien, Oman, Somalia, Sudan, Tunesien, Vereinigte Arabische Emirate, PLO. Zahlreiche Unterorganisationen: u.a. Arabischer Gerichtshof, Arabische Entwicklungsbank, Arabischer Währungsfonds.

Arabischer Kooperationsrat (Arab Cooperation Council/ACC): Wirtschaftsgemeinschaft zwischen Ägypten, Irak, Jordanien und Jemen. 1989 gegründet mit dem Ziel der wirtschaftlichen Integration und eines starken gemeinsamen Marktes. Sitz in Amman.

Ayatollah: Ehrentitel für hervorragende geistliche Würdenträger im schiitischen Islam.

Baath-Partei: Arabische Sozialistische Partei (Wiedergeburts-Partei) mit panarabischen Zielen; 1942 in Syrien von Michel Aflaq gegründet; nur in Syrien und Irak an die Macht gekommen, operiert ansonsten im Untergrund.

Barrel: 158,983 Liter.

Beduine: Zentralarabische Bezeichnung für Nomade.

Drusen: Pseudoislamische Sekte, die sich zu Al Hakim bekennt, dem Fatimidenherrscher aus der Dynastie, die von Fatima, der Lieblingstochter Mohammeds, abstammt.

Dschihad: Heiliger Krieg; Glaubenskrieg der Muslime gegen nichtislamisches Gebiet; Ziel ist nicht die Bekehrung, sondern die Herrschaftsausdehnung.

Emir: Arabischer Fürstentitel.

Fellache: Bauer, meist ohne eigenen Grundbesitz, Lohnbauer.

Golf-Kooperationsrat (Gulf Cooperation Council/GCC): 1981 gegründeter Zusammenschluß der konservativen ölfördernden Staaten auf der Arabischen Halbinsel: Saudi-Arabien, Kuwait, Bahrain, Katar, Oman,

Vereinigte Arabische Emirate. Ziel: Koordinierung der Außen-, Wirtschafts- und Verteidigungspolitik.

Haschemiten: Arabische Dynastie, die ihren Stammbaum auf Haschim, den Urgroßvater des Propheten Mohammed zurückführt.

Imam: Bei den Schiiten die blutsverwandten Nachkommen des Propheten Mohammed, von denen der letzte (der 12. oder 5.) in Verborgenheit lebt. Bei den Sunniten geistliches Oberhaupt oder religiöser Führer, der allmählich auch weltliche Herrschaftsfunktionen übernahm. Imam auch als Bezeichnung für den Vorbeter in der Moschee.

Imamiten: Siehe Schiiten.

Intifada: Volkserhebung (arabisch); seit 1987 in den von Israel besetzten Gebieten (Westjordanland; Gaza-Streifen) wütender Aufstand der Palästinenser.

Ismaeliten: Siehe Schiiten.

Kalif: Stellvertreter (arabisch) Nachfolger; Bei den Sunniten Bezeichnung für die Nachfolger des Propheten Mohammeds, deren Aufgabe es war, den Bestand der islamischen Gemeinde zu wahren und den islamischen Herrschaftsbereich auszudehnen, die jedoch keine Autorität in Glaubensfragen hatten.

Koran: Das heilige Buch des Islam; es enthält die Offenbarungen Gottes, die der Prophet Mohammed erhielt.

Majlis: Nach altem Beduinenbrauch abgehaltene regelmäßige Sitzungen, in denen die Bevölkerung ihre Wünsche und Beschwerden den Herrschern vorbringen kann. Machmal auch Bezeichnung für Parlament.

Medina: Islamischer Wallfahrtsort in Saudi-Arabien; Wirkungsort des Propheten Mohammed, Zentrum der islamischen Gemeinde.

Mekka: Für Nichtmuslime unzugänglicher islamischer Wallfahrtsort in Saudi-Arabien; Geburtstadt des Propheten Mohammed.

Maroniten: Größte christliche, römisch-katholische Gruppierung im Orient.

OAPEC Organisation arabischer, erdölexportierender Länder (Organization of Arab Petroleum Exporting Countries): Zusammenschluß arabischer erdölexportierender Staaten; 1968 gegründet zur besseren Koordinierung der Ölpolitik innerhalb der OPEC; Mitglieder: Syrien, Bahrain, Iran, Saudi-Arabien, Irak, Kuwait, Vereinigte Arabische Emirate, Katar, Libyen, Algerien.

OPEC Organisation erdölexportierender Staaten (Organization of Petroleum Exporting Countries): 1960 gegründetes Kartell von 13 ölexportierenden

Staaten zur Abstimmung ihrer Erdölpolitik. Hauptaufgabe ist die Festsetzung von Fördermengen und Rohölpreisen.
Mitglieder: Saudi-Arabien, Iran, Irak, Venezuela, Indonesien, Nigeria, Vereinigte Arabische Emirate, Kuwait, Libyen, Algerien, Katar, Ecuador, Gabun.

Organisation der Islamischen Konferenz (Organzation of the Islamic Conference/OIC): 1971 in Djidda gegründete islamische Sammlungsbewegung, bestehend aus 45 Mitgliedsstaaten. Ziel ist die Förderung der Solidarität untereinander und der islamischen Kultur. Zahlreiche Unterorganisationen: u.a. Islamische Nachrichtenagentur, Islamische Entwicklungsbank, Islamische Rundfunkorganisation, Islamische Rechtsakademie.

Panarabismus: Politische Ideologie, die die Einheit der arabischen Nationen zum Ziel hat.

PLO Palästinensische Befreiungsorganisation (Palestine Liberation Organization): 1964 auf Betreiben Nassers gegründete Dachorganisation aller politischen und militärischen palästinensischen Organisationen; international weitgehend als Interessensvertretung des palästinensischen Volkes anerkannt.

Rat für Arabische Wirtschaftseinheit: 1964 gegründeter, aus 13 arabischen Staaten und der PLO bestehender Zusammenschluß, mit dem Ziel, einen ›Gemeinsamen Arabischen Markt‹ zu schaffen.

Scharia: Das islamische Recht, bestehend aus dem Koran und der Sunna.

Scheich: Ältester (arabisch); Ehrentitel für führende Persönlichkeiten, wie Stammesoberhäupter, auch Bürgermeister.

Schiiten: Anhänger der Partei (= Schia) Alis, der Vetter und Schwiegersohn des Propheten Mohammed. Die Partei hielt Ali und seine Nachkommen (Imame) für die einzig legitimen Nachfolger des Propheten. Die Schiiten sind in mehrere Gruppierungen unterteilt: u.a. die Imamiten, die 12 Imame als legitim anerkennen, die Ismaeliten, die 7 Imame anerkennen und die Zaiditen, die sich schon mit dem 5. Imam abgespalten haben.

Sultan: Macht (arabisch), Herrschaft; seit dem 11. Jhd. Herrschertitel.

Sunna: Die überlieferten und vorbildlichen Aussprüche, Handlungen und Gepflogenheiten des Propheten Mohammed.

Sunniten: Die Sunniten erkennen die Kalifen als rechtmäßige Nachfolger des Propheten Mohammed an, obwohl sie nicht dessen Nachkommenschaft entstammen (s. Kalifen).

Ulema: Islamische Religionsgelehrte, die islamischen ›Weisen‹, Theologen und Rechtsgelehrten.

Umma: Die übernationale islamische Gemeinde, bestehend aus allen Muslimen.

Wahhabiten: Anhänger einer puritanischen Bewegung des Islam (sunnitisch), deren Begründer Ibn al Wahhab alle nachkoranischen Neuerungen ausmerzen wollte.

Zaiditen: Siehe Schiiten.